時報出版

謝沅瑾的現代聊齋

“21則百分之百真實故事完整呈現，
教你化解厄運”

大師的驅鬼實錄，絕非杜撰，如有雷同，純屬事實！

自序

我真的相信很多事情，都是無形中命運的安排！

當年爺爺奶奶安葬的墓地，前方有一個金鵝孵卵穴，我們家雖然沒有孵卵，但是將來會出一個揚名四海的名人，於是後來我就誕生了。

之後爸媽北上台北工作，一開始暫住在公司臨時安排的地方「成功堡」，當時媽媽每天晚上都會夢見一名男子，從關閉的大門穿進來，以致媽媽沒有一天睡得好，最後不得已只好找了一位「老師」來幫忙，看看哪裡有問題，所謂「術業有專攻」，結果當時的那個「老師」拿羅盤測量了一下之後，說了一句：「在那裡？！」，接著指向了幾百米之外的大樹，於是爸媽在半信半疑的情況下，跟著老師在草叢中，披荊斬棘地往那棵大樹的方向走去，結果在大樹底下，看到一個裝著不知名男子骨頭的「金斗甕」，於是爸媽好心的將他請到有應公廟，接受祭祀、供奉……。

我的記憶力真的很好，從一歲半在圓山山頂上，爸爸站在正在新蓋的屋頂上，我和爸爸揮手時，爸爸的笑臉，我依稀記得；後來因為一直發生了很多怪事連連、很不平安，原來以前木造房屋不用打地基，房子底下深處有很多人的骨頭，於是後來把房子拆掉重建，我印象很深刻，爸媽不準我們看，但是在好奇心的驅使下，我還是偷偷搬了張椅子，爬到窗戶邊偷看，那是我人生中，第一次看到一堆人骨，也從此結下了一生中的不解之緣……。

從1994年開始長期接受九家電視台、媒體採訪報導，當年各大靈異節目「穿梭陰陽界」、「神出鬼沒」、「鬼話連篇」、「星期天怕怕」……從解說「靈異」照片、影片、事件分析，無一例外，一定看得到我的身影，連當年第一個因為「紅衣小女孩」的影片而開的「靈異記者會」中，我都是唯一一位出現的老師。

時至今日：長年處理的案例、錄影現場的怪事、出國錄影的勁爆現場、鬼屋驚悚探險……種種事跡不勝枚舉，超級多的好朋友們，一直希望我能夠跟大家一起分享我自己的經驗，於是我們決定將它分類一一整理出來，和有興趣的朋友一起分享！

目錄

卷參 被觸怒的好兄弟

卷肆 來自陰間的冤魂厲鬼

卷

壹

謝沅瑾的
通靈之路

檔案編號	001

通靈少年

很多朋友都會問我：「老師！你當初是如何開始接觸命理這個行業？大概是在幾歲的時候？」

十四歲那年，我與還在念小學的妹妹因為做了一件事，沒想到人生就此改變……

楊桃樹下的冤魂

那個時候我國中二年級，父親因為在圓山上的廣播公司上班，為了可以隨時維護調整設備，當時一家人就住在圓山上。

我跟妹妹的學校在士林，因此上學放學的時候，都需要翻山越嶺。我們那時候都會經過一整片的墓地，經過的時候都會很小心，避免去踩到墳頭，或者是踢到任何東西，當然也不會亂講話或開玩笑。

那時候圓山後山是有軍隊駐守的，因此上下山的途中會經過一些哨站，現在去圓山的話都還可以見到這些哨站的遺跡。那時阿兵哥每天看到我們兩個小孩子，久而久之也會開始聊天，他們跟我們講說，晚上在山上時，要小心會碰到不乾淨的東西。

當時有個傳說，以前山下的部隊裡曾有阿兵哥與女學生談戀愛，因為兩情相悅，情竇初開的關係，後來女生就懷孕了，不巧此時剛好部隊要移防，軍隊裡有規定剛移防三個月是不可以告知任何人的，因此對女學生來說就等於是跟男方講懷孕之後，男方人就不見了，而且不管問任何人都說不知道人在哪。

女學生肚子一天天大起來，終於有一天紙包不住火，被家裡人發現，父親非常生氣，覺得女兒不好好唸書，又大肚子回來，不但丟了自己的臉，還會讓人指指點點，所以在生氣的情緒之下，不僅打了她，還說氣話叫她離開這個家。

母親雖然難過，但是也沒辦法阻止。女孩子在被趕出門，又找不到男方的狀況下，可說已經走投無路。再加上學校即將開學，在沒人可以幫助商量的情況之下，因此最後選擇在圓山的後山上，找了一棵楊桃樹上吊自殺。因為那位置非常偏僻，後來不知道多久以後被人發現時，已經成為一副白骨，於是有好心的人聽說後，便帶來一個裝骨頭的甕，把女孩子收在裏頭，放

謝沅瑾老師的一生因為遇到這個楊桃樹下的骨頭罈（金斗甕）而從此改變。

置在那棵楊桃樹下面。

阿兵哥還跟我們說，山裡有個哨站，因為晚上站哨時經常看到那個女孩子，於是沒人敢站，都改站別的地方。我跟我妹聽阿兵哥說了這個故事以後，便下定決心要去找那個裝骨頭的甕。

改變一生的尋鬼之旅

於是在一個禮拜六中午放學之後，我跟我妹就約好一起去找，我們先往圓山後山上的楊桃樹去找。在那之前會先經過一片竹林，進入那片竹林後，走了一陣子就看到一個空的哨站，問清楚正確的路線跟方向之後，便決定了這一趟尋鬼的「探險之旅」。

我們從哨站直線奔往楊桃樹的方向，但說也奇怪，那地方也不是多大，原本預計幾分鐘就可以找完，但後來我們卻足足花了一個多小時，都完全找不到，不知道是鬼遮眼，還是遇上鬼打牆。最後不得已，只好決定放棄。

那時剛好是楊桃成熟的季節，我們倆就想說既然來了，就順便帶幾顆楊桃回去，因此我們就拿起地上的竹竿準備開始打楊桃，因為楊桃成熟的時候，往往在樹下會有許多掉在樹下的爛楊桃，因此每打下一顆成熟的楊桃，都必須確認它落下的位置，以免到時候找不到掉下來的楊桃。打著打著，越打越高，才有一些大楊桃，所以我們就爬上大石頭上面去打楊桃了。

當時我看準一個大楊桃打下去。說也奇怪，原本照理說掉下來時它不會打到我，但那天楊桃居然莫名其妙朝外打到我的頭，才掉到地面上。

接著神奇的事情發生了，花了一個多小時都遍尋不著的金斗甕，居然在這個時候，不可思議地順著楊桃掉落地方向，神奇地出現在我們面前，當時我們小小的心中，那複雜的情緒，說不出是驚訝，還是開心。

我和妹妹此時慢慢靠近那個甕，兩人你看我、我看你，完全不知道該怎麼辦，後來才決定猜拳，輸了的人要把它打開，兩個人於是猜拳，結果妹妹輸了。於是她蹲下來，要把甕打開的時候，我們兩個都不自覺靠得很近看。

就在打開的一瞬間，我和妹妹突然覺得背脊發涼，於是我和妹妹兩個人不約而同猛地回頭，原來我跟她都感覺到有人在後面站著。我們同時回頭想看後面到底是誰，問題是……沒有半個人在我們身後，但是我倆卻覺得一股目光正在緊緊盯著我們。

當時我妹手上還拿著那個蓋子，掀到一半，沒有完全打開，我們又互相看了對方一眼，我問妹妹說我們要繼續開嗎？妹妹想了一想，還是決定把它打開來。我們認真地往裡面看，甕裡面裝滿骨頭，而且滿滿的全部都是螞蟻，它們是在每一根骨頭上面，差不多三個指幅的寬度在爬。當時對我們來說，看到白骨所帶來的驚嚇，可能還不如那些螞蟻給我們的衝擊。

等驚嚇感慢慢退去之後，我們才意識到剛剛感覺到的那個人還是一直站在後面看著我們，我們又互看一眼。妹妹趕快把蓋子蓋回去，我們決定趕快離開，於是馬上頭也不回地離開，我們越走越快，最後更一起拔腿狂奔，但是始終感覺剛剛那個人一直以相同的速度與距離跟著，我跟我妹不敢抬頭，更不敢回頭，好不容易衝回家，把門關起來，以為沒事了，當然更不敢跟父母講。

沒想到可怕的事從現在才正要開始。

妹妹隔天一早發高燒，一開始我沒有多想什麼，到了晚上，她看起來好了，體溫也恢復正常了，我就更沒覺得怎麼樣。

沒想到隔天我一起床，父母就跟我說妹妹又發高燒了。到了晚上，妹妹燒又神奇地退了，看起來一點問題也沒有。

奇怪的是，第三天，第四天……每天都一樣，只要天亮了，妹妹就會開始發燒，然而只要等到太陽下山，她就又轉好。幾天下來，父母越想越不對勁，一般來說，發燒要不就一直發燒，要不應該就是好了就好了，從沒聽說這樣規律的反覆發燒又退燒。而且去看過幾次醫生，奇怪的是，在去醫院的路上，明明還在發燒，但是一到醫院門口，手一摸卻又退燒了，等一回到家中，又開始發燒了……

就在第四天的時候，山上一些運動的人，也覺得不太對勁，後來其中有個朋友跟我爸媽建議，帶我妹去山上廟裏求香灰給她喝。我父母本來也不是十分相信這些事，但是在走投無路的狀況下，也只好去廟裡頭求求看。求了以後拿香灰回來，給我妹吃，神奇的是，從吃完當天晚上，就沒有再發燒……

我原本以為這件事就這樣圓滿落幕了，但經過半年以後，我才真正遇到改變一生的事情。

後天通靈，超渡女鬼

有一天我在睡覺的時候，突然發現房間門口站著一個女孩子，她發現我看到她以後，就笑瞇瞇地走過來，坐在我肚子上，然後一直望著我。

第二天她又來了，當我睡到半夜的時候，我在一陣刺痛中醒來，我驚恐地叫著，身上爬滿了滿滿的螞蟻，我從來沒有遇過這種事情，驚叫著拍打著身上的螞蟻，驚動了全家人。

父母親趕來看，一邊幫我拍掉身上的螞蟻，一邊說著奇怪了，從來沒有遇過這種事，一邊找著螞蟻是從哪裡來的……，結果當我翻開床墊的時候，讓我更為驚恐的事情出現了，床墊下面爬滿密密麻麻的螞蟻，更讓我恐懼的是……，螞蟻是以三個指幅的寬度，一群一群的在我的床上爬著……

一開始我還不覺得不舒服，但是心裡想哪有人天天來坐在我肚子上的，於是到了第四天晚上，我終於生氣了，我把她推開，說了不要坐我的肚子了，然後把棉被滾起來，跪趴著睡。沒想到她居然改坐在我的背上。

第二天我突然感覺不知道到底是不是因為「那件事」……於是我跟媽媽說，我想看醫生。

媽媽問說哪裡不舒服，你看起來很正常啊！嗯！好像最近有稍微變胖了一點。

當天下午，我們就去了醫院，醫生看了以後，馬上要去驗尿，沒想到檢查過後，醫生說我得了急性腎盂炎，也就是腎臟裂開並且發炎出血，尿液中有百分之六十七是血。當時醫生還跟母親說，如果過了明天下午才來醫院，恐怕就沒救了。

也許是因為我從六歲開始勤奮練國術打下的強健底子，經過醫生緊急治療後，終於脫離險境，挽回性命。在這個住院治療的期間裡，我已經完全可以看到好兄弟。

民俗上來說，像我們這種後天通靈的人，有些人是可以感覺到，有些人則是看得見，有

腎臟裂開造成的「急性腎盂炎」而使謝沅瑾老師的武術及校園生活被迫暫時中斷。

些人是只能聽得見，而我是看得見也聽得見，連閉上眼睛都能感覺得到。我不論走到哪裡，正在做什麼，甚至是在睡覺時，都能感覺好兄弟們的動靜，雖然我當時因為年紀小，好奇心重，人家說「初生之犢不畏虎」，還不懂鬼，也還不懂得害怕。

我在醫院住了兩個星期，之後醫生建議先出院，回家好好休養，不要進行太多的活動，然後定期回醫院檢查。因為生病的關係，學校暫時也沒辦法去了，因為不能做劇烈運動，因此醫生開立了證明，讓我辦了休學，在家休養。在這一年中，除了在家，就是到山上的廟中走走。

就在差不多一年以後，我的小阿姨跟母親說，她覺得我應該是有卡到不乾淨的，不然怎麼會醫這麼久卻一直醫不好，然後也不會惡化。

我阿姨接著問母親要不要試試看她們土城那邊的一間宮廟，裡面有個師父很厲害。於是媽媽便在一個下午帶著我去了這間宮廟。

輪到我的時候，我走過去站在乩童旁邊。一般來說，乩童會代替神明講話，然後神桌旁會有一個「桌頭」負責翻譯。乩童跟我母親說，我之前跟一個女孩子，在一個竹林裏打開人家裝骨頭的甕。我聽到以後非常驚訝，這件事明明只有我跟我妹知道，他怎麼會知道這件事。母親聽了則是更為驚訝，她問我真的有這件事嗎？跟我去的女孩子是誰？等我講完大概狀況之後，我母親才終於知道我妹當初莫名的高燒是怎麼來的。

師父說那個女生其實沒有要害我的意思，然後她現在就站在門口。那一瞬間，所有的人好像同時感應到一樣，一起轉頭面對著門口的方向，我不知道他們有誰看到了，但我自己是清清楚楚看到她站在門口，同樣還是望著我微笑。

母親就問現在怎麼辦，師父說，其實這個女孩子真的沒有要傷害我的意思，但是這個女孩子說，我將來會走類似修行的路，而且是會非常有成就的那一種，只要我願意幫忙，她就一定能被超渡，所以她希望藉由我幫她做超渡。

母親聽完以後一愣，她想說我一個國中生，爲什麼可以幫她超渡？然後師父繼續問我願不願意，其實我那時候什麼都不懂，但想說可以幫忙那個女孩子，我就答應了。師父點點頭說好，然後說其實儀式本身很簡單，只要有心就沒問題，接著師父就告訴了我們要準備的東西跟超渡的方法。

第二天中午，我帶著母親到放她骨頭甕的那個位置，處理好之後，把準備的東西燒掉，整個過程我都誠心誠意，莊嚴肅穆。就這樣完成超渡儀式了。

說也奇怪，超渡儀式當天的白天，女孩子都沒有出現，但是在超渡完的那一天晚上，就看

阿兵哥當年看到女鬼的崗哨。

到那個女孩子，她跟平常一樣，就只是靜靜地在我的旁邊微笑看着我，她看到我抬頭以後，便跟我點點頭，說了聲謝謝你，然後就退著出去，一直到我看不見她為止。

超渡儀式前，我的腎盂炎一直都沒有好，並且每個月定期去做檢查。超渡完第四天，我又再去醫院做定期檢查時，醫生發現我的症狀竟然完全消失，他非常驚訝，於是又檢查了我一些其他部分，初步看來就是個完全健康的人。醫生不知道該說什麼，只能要我們定期再來檢查。之後追蹤檢查三個月後，確認完全康復。

事後來看這件事，只能說我會入這行，會以這個行業作為終身的行業，是天生帶有天命的。或者是說凡是人會做一些一般人想像不到的特殊行業，其實都是因為帶有天命，這些天命有時候會伴隨一些奇怪的徵兆或事件，那個人就因此被啟發。這件事情對我來說真的非常非常的深刻，一輩子我都不可能會忘記。

長駐台灣靈異節目

- 中視：社會秘密檔案
- 三立：穿梭陰陽界、第三隻眼
- 東森：鬼話連篇
- 八大：神通鬼大、神出鬼沒
- 超級電視台：星期天怕怕
- 東森S台：社會追緝令
- 緯來電視台：不可思議的世界、逃跑吧！好兄弟！
- 高點電視台：震震有詞
- YouTube：零偵探

您參與過哪些節目呢？

三立電視台當年最紅火的靈異節目「穿梭陰陽界」常駐老師。

靈異病房之一

我因為與妹妹一起打開裝了骨頭的甕，因此被骨頭的主人，也就是一位懷孕的女孩子跟上，女孩子除了跟進跟出以外，甚至在我睡覺時坐在我的肚子上，使我感到非常不舒服，直到有一天去醫院檢查，才發現自己得了急性腎盂炎，由於狀況緊急，醫生指示即刻進行診療，同時必須在醫院休養並觀察一週。

在這一週內，我經歷了不少讓人捏把冷汗的奇異經歷……

逐漸靠近的腳步聲

我得的是相當嚴重的急性腎盂炎，如果晚個一、兩天治療可能就會死亡，但幸虧及時發現，整個診療過程很順利，就醫當天下午就住院，到病房療養。

因為從小勤練國術，同時每天上學都必須上下圓山的關係，我的身體基礎可以說是非常健

謝沅瑾老師從小習武，參加過許多比賽，得過許多獎，也常常在許多大舞台上表演。

康，加上醫生的醫術十分高明，因此當晚除了腰部跟腹部多少有疼痛感與不適感以外，一切都算正常。

父母因為必須上班的關係，便留下我一人住院。那時住的房間有三張病床都是空床，進門後左右手邊各有一張床，而左手邊那張床旁邊隔一段距離又有一張靠窗的床。醫院本來排給我的是右手邊那張床，因為離門最近，所以出入很方便，但我看了一眼之後，就問說可不可以換到靠窗那一張，反正三張都是空床，所以他們就讓我換了。

因為這是我人生第一次離家，而且又是住院，精神上多少有點落寞，一開始看看街景又看看病房。

過了一陣子，我想起醫生囑咐剛開完刀要多休息，因此便把眼睛閉上，準備入睡休息。一開始腦海中先是出現那女孩子笑瞇瞇的臉，還有她坐在我肚子上的模樣。畫面一轉，就出現白天到醫院檢查時，醫生面色凝重的表情，他把母親拉到一旁竊竊私語，而母親越聽眉頭皺得越緊，最後甚至眼泛淚光。回想至此，剛剛那股住院的新奇感陡地消失，心情也隨之黯淡下來。我不禁把眼睛睜開，環顧空蕩蕩的病房，

就在此時，我突然聽到很輕微的腳步聲，原本以為是護士巡房，但越聽就越覺得不對，因為那聲音不像護士穿的平底鞋，也不像醫生穿的皮鞋，反而比較像是病患穿著拖鞋所發出的聲音。再來就是那走路的速度實在太慢，比較像是疲憊、虛弱，或是無可奈何的腳步聲。

雖然那腳步聲又輕又慢，但我卻越聽越緊張，因為聽起來好像正朝著我所住的病房而來，我一邊聽一邊希望那腳步聲過門而不入，然而聲音果然如我所料停在房間門口，腳步聲一停，我整個起雞皮疙瘩，汗毛直豎，因為就在腳步聲停下以後，這個十分安靜的醫院裡面，就再也沒有一點聲音，連呼吸聲也沒有。

從小練國術的關係，我已經養成主動掌握對方動態，不會背對可能威脅的習慣，因此我在腳步聲靠近時，就已經緩緩地將身體轉向病房門口，但我還是先將眼睛瞇著，並將呼吸放緩放

沈，假裝熟睡。我依稀看到對方是個穿病服的人。身高不高，體型瘦瘦的，膚色感覺很深，整體看來大概四、五十歲左右。

我看到那人一進門後熟門熟路地就往右轉，接著就好像準備要躺上那張病床。

然而就是在此時，幾乎同時發生了兩件讓我毛骨悚然的事。

第一件事是那個人坐下時，床完全沒有發出任何聲音，就像從未有人坐下來過。當我還來不及想清楚原因時，第二件事就跟著發生了。

那人原本一直都頭低低的，眼簾低垂，但就在我正以為他要躺下時，他卻突然眼睛一抬，而且直勾勾地就「盯」住了我。我整個人顫動了一下，隨即冷汗直冒。

我很擔心對方有下一步的動作，幸好那「人」只是想回床上「睡覺」，因此不知道過了多久之後，我感覺他好像露出一個似笑非笑的表情，接著就躺下來了，被子依然紋風未動，床也沒有發出任何聲音。

我又看了許久，確定那人「睡著」了，沒有了任何動作。

特異體質的兄妹

因為小時候經常在亂葬崗上跳躍奔跑趕著去上學的關係，加上我有特異體質的基礎，因此從小就經常感應到好兄弟的存在，但這些好兄弟往往只有很模糊的影像或聲音，直到我跟妹妹打開裝骨頭的甕，又被那女孩子跟，被她坐在肚子上之後，好兄弟的形象，開始在我眼中與耳中越來越清晰。

當發生在我身上的這件事告一段落，全家人也都知道我有特異體質之後，有一天妹妹才偷偷跟我說，其實她那次因為打開骨頭甕，原因不明地連續好幾天發高燒，最後是喝了香灰水才得以復原，從那之後她對於周遭好兄弟的感應能力也大幅提昇，不但可

謝沅瑾老師後來才知道原來妹妹也有陰陽眼。

以看到、聽到，甚至可以進行一定程度的溝通。

像那位在家裡跟著我的女孩子，她也是完全看得見的。只是不知道是因為妹妹隱藏得很好，還是那女孩子只針對我的關係，她們並沒有任何互動。但我妹也藉由我當時的反應，知道我其實也是看得見的。

總之跟那位「病患」對望以後，不知為何我突然開始聽到走廊上有很多腳步聲，也開始看到一直有「人」從病房外經過。而我的靈魂也開始離開身體，到處「走走」。

靈異病房之二

「他」的病床

在我看見那位「病患」的隔天下午，我被窸窸窣窣的談話聲吵醒，我勉強睜開眼睛一看，原來是有新的病患要住院，看起來是一位國小的小女孩，大概五、六年級，我因為還沒有完全清醒，因此便先閉著眼睛假寐。

等他們安置完畢，父母交代小女孩好好休息，接著便跟醫生一邊講話一邊離開病房，我才慢慢把眼睛睜開來，然後就看到女孩子正躺坐在進門右手邊的床上。

我回想起昨天晚上的光景，考慮了一下，鼓起勇氣先跟她打了招呼，然後問說她是不是要睡那個床位，她看了我一下，點點頭，我接著說不要睡那邊，睡另外這張床比較好。

小女孩看了那張床，又抬起頭看我，問我為什麼要睡另外那邊？我當下告訴她，現在那個床「真的」不太好，不要睡那裡比較好。她聽了之後並沒有理會我，依然坐在那張床上。

我認真思考了一下，是不是要把昨晚遇到的狀況跟她說，但我看她剛剛的反應，覺得她聽了一定不會相信，不但可能覺得我在騙她，說不定還會開始討厭我，甚至跟她父母或其它人告狀，於是便開始閉目養神了起來。

其實我有點擔心那女孩。我不知道一般人睡在那位「病患」，也就是好兄弟的床上，究竟會發生什麼事，所以可以說一半擔心，一半好奇地等待。她可能是累了，於是就躺下休息了。

不知過了多久，我終於聽到那個很輕微的腳步聲，過沒多久就看到昨晚那位「病患」慢慢走到病床旁。「他」先低頭「望」了那女孩一會兒，又抬起頭來站了一會，似乎在等什麼，這兩個動作感覺好像長達了好幾分鐘。後來「他」就跟昨天一樣，坐下來後便轉身躺下，而幾乎就在同一時間，女孩子發出了「嗚嗚」的聲音。

因為從小感應力強的關係，我被鬼壓床的經驗不算少，但親眼看見人被鬼壓床，倒還是第一次。由於那女孩不斷發出聲音，似乎讓那「病患」覺得「很吵」，於是沒過多久「他」就起身離去，而女孩的「嗚嗚」聲也隨即停止。

我本以為「他」去找別的床「睡覺」了，沒想到過了不知道多久，當我正要睡著時，竟然又聽到「他」的腳步聲，接著又是「嗚嗚」的聲音，於是我坐起來，很生氣地叫「他」走開，接著「他」便離開了。

過了一會兒，那個女孩驚醒了，坐起來看了看我，然後左顧右盼想要找她的家人，可是這個時候家人正在幫她辦理手續，並不在病房裡。

於是她看向我，欲言又止，這時我主動開口說了：「我不是提醒妳，不要睡那張床了嗎？！」這時她才終於懂我說的是什麼，於是趕快把東西全部搬到另一張床上，看著我說：「這張床沒問題嗎？」我微笑著看了她一眼，點了點頭。

但是此時的她一點睡意都沒有了，默默地坐在新的病床上，為了化解空氣中的尷尬，我主動開口說：「不用害怕，那張床沒有問題！」於是女孩就在床上和我聊起天，等候著她父母的到來。

她媽媽來時嚇了一跳，問她怎麼換床了，她不敢講，於是這件事就成為了我倆之間的一個小秘密。

醫院裡的隱藏病患

當天晚上熄燈上床，跟女孩子說完晚安以後，我盡力保持著清醒，因為我不知道女孩子換床以後是不是就真的沒事了，我一直盯著門口跟最右邊的那張床。

到了半夜，果然那位「病患」又進來了。「他」進病房以後，我那時本來想說沒問題了，沒想到「他」的動作突然停住。

我那時又是整個人心驚膽跳，只能保持警戒，不知道過了多久，那位「病患」突然又是眼睛一抬，只是這次不是看我，而是望向「他」的隔壁床「病友」，也就是那位女孩子。

我看著女孩子輕微起伏的身體，感覺是已經睡著了。總之我已經打算不顧身上的疼痛，準備萬一「他」要做什麼時，就馬上跳起來把女孩子拉開帶走。

就在這緊張的氣氛中，那位「病患」一直望著那女孩子，過了不知多久以後，他才慢慢坐下，最後終於躺回自己的床「睡覺」。我雖然鬆了一口氣，但仍然又等了大概十分鐘左右，確定沒事了才終於把眼睛閉起來。

隔天中午吃完飯以後，我繼續跟女孩子聊天，禁不起她一再追問，向她講了那個「病床」

上的事情，也說了她第一天睡不好的原因。女孩子聽了，眼睛睜得又圓又大，卻又一副恍然大悟的表情。

於是她也跟我說，第一天晚上睡覺時，睡到一半突然醒來，接著就發現自己動彈不得，頭也不能轉，只好一直看著天花板，然後她發現自己也無法發出聲音，用盡全力想要大吼大叫，但始終發不出聲音，最後眼前一片黑。這樣的狀況重複了好幾次，像是惡夢但卻又無比真實。

她說當時突然就想到我說的話，便轉頭看了我在的方向，心裡就想著我一定是知道什麼事，之後一定要好好問我。

我聽了不好意思地笑了一下，接著又繼續跟她說了昨天晚上發生的事情，那位「病患」是如何一直盯著睡覺中的她，而我又是如何盯著他們兩個。女孩子聽我講完以後，露出十分吃驚的表情，說她昨天晚上換床之後其實睡得蠻好的，沒想到其實發生了這麼驚險的事。

她說完突然臉紅了，然後跟我說謝謝，前一天晚上因為看顧著她而沒有睡好覺。

那位「病患」後來還是每天晚上都有回「他」的床「睡覺」，不過至少在我住院期間，並沒有其他的病患入住，因此這件事大致上就告一段落。

一般來說，單純的鬼壓床對被壓者來說，除了睡不好以外，並不會有太大影響，通常也不會有什麼後遺症，因此一般不需刻意緊急處置。

但若是碰到的是好兄弟在「抓交替」，那麼貿然打擾甚至破壞的結果，則有可能會陷入好兄弟轉而找上你的危機，因此在處理的決策上要十分謹慎。

我在過了一週住院生活之後順利出院。隔壁床的女孩子見到我要離開，臉上露出依依不捨的表情，我問她大概還要多久出院，但她自己也不知道。她再次感謝我的幫忙，但其實要說感謝的是我，因為她的開朗與活潑，使得我原本枯燥無聊的住院生活得以多彩多姿，也在經過那樣的生死關頭後，對人生再次充滿希望。

靈魂離體

因為被打開了陰陽眼，以往只能模糊感覺到的好兄弟，在幾天之內突然開始變得的非常清晰，也讓我看到許多讓平常人難以看到的畫面……

像是突然發現家裡月曆上的模特兒在對我微笑，再仔細看並不是，只是有好兄弟的臉剛好在那照片的臉上面。或是有些在我房間直接走進走出的好兄弟，有些比較有禮貌的會說聲借過一下，而且些則是「目中無人」地逕行通過。

還有至少兩次，在我睡覺時突然被咬醒，一看竟然是整排的螞蟻，我把床墊一掀開，底下居然爬滿了好幾排的螞蟻，每一條隊伍大概都至少三指幅寬，粗估應該有上萬隻。看到這畫面，就會讓我想起骨頭甕裡的「螞蟻堆」。

因為沒有辦法跟父母說的關係，而且那時也不知道其實妹妹也已經開了陰陽眼，因此雖然因為從小學習武術的關係，我對於環境變化的適應與反應，可以說比同齡的小孩還要快許多，但依舊花了很多時間自我調適。

陰陽眼所看見的世界

自從被檢查出得了急性腎盂炎，我便開始了住院治療之路，這段時間接連發生了不少事情，與鬼魂對看、看到鬼壓床的現場、跟差不多同齡的女孩子成為好朋友……等等。不知道是不是這樣的關係，本來應該是枯燥無聊的住院生活，當時竟然感覺過得還蠻快的。其實對於那段期間的我來說，與其說差點要面對死亡，不如說是面對自己人生中的一些大變化。

在住院期間，我真的見到不少好兄弟，一開始跟母親走進醫院，準備掛號時，就看見前面有兩位老先生，正排隊等著掛號，但掛號處的櫃臺人員卻跟完全沒看見似的，反而先招呼我的母親過去。

等到進入診療室時，有一個年紀看起來蠻大的護理師，拿著一疊像是病歷表的紙，站在醫生旁一直對著醫生說話，讓我好幾次都聽不清楚醫生在問我什麼，但醫生卻從頭到尾完全沒有理睬護理師，使得我不知所措，只好等護理師講話的空檔才回答醫生的問題。

更誇張的是，醫生問診到一半，我看到一個老太太跑進來，在醫生後面時而東張西望，時而走來走去，好像很急著要找醫生一樣，我還心想怎麼隨便讓病人跑進診療室。

後來在住院期間，經過大廳時，竟然又看到那兩位老先生在等著要掛號，而櫃臺人員同樣視若無睹。至此我才恍然大悟，原來那兩位老先生、護理師還有老太太，都跟我病房的那位「病患」一樣，是長期待這間醫院的「好兄弟」。

靈魂的醫院探險

在一天午飯過後，因為下午沒什麼事，於是我就睡了個午覺，睡夢中我感覺自己的身體離開了床，浮向天花板，接著我轉身面向下方，看到自己睡在床上，那是一種很不真實的感覺。

之前雖然在電視上或書上有看過所謂「靈魂離體」，但自己當然沒有遇過也沒看過離體的靈魂，因此那時自己也嚇了一跳。不過在那種時候，並沒有想到什麼靈魂離體。只是在看到自己的身體時，多少感覺到吃驚而已。

我感覺到跟自己的身體有一種若有似無的聯繫，我的身體看起來呼吸均勻平穩，氣色也沒有異常，於是暫且放下心來。

我其實也不知道「回去」身體的方式，更何況離開自己的身體以後，發現自己已經不受空間或重力的限制，馬上好奇心大發，決定四處逛逛，「回去」的事情之後再來想辦法。於是我便轉身朝著走廊方向飄去！

首先我來到手術室，進去以後，發現剛好有一場手術正在進行中，我趕緊湊過去看，但因為不知道會不會干擾到醫生，我還是盡量不要碰到任何人或物品。找好適當的位置以後，我便目不轉睛地看著手術中的畫面。

看著醫生和幾個護理師在幫一個病人開刀，而病人的靈魂也在手術室裡，看了一會兒後靈魂離開了，恐怖的事情就發生了，醫生、護理師突然開始亂了、忙了、急了起來，我看了一會兒就離開了，看到那個病人的靈魂，我讓他趕快回去，於是那個病人才又回到手術室裡面。

然後我開始往樓上「移動」，到了四樓突然看到一個當時讓我害怕的「靈」，正站在一個空病床旁，我看到她之後，居然感到有點害怕，於是我飄下樓，往旁邊的街道飄去，只看到有一個賣臭豆腐的攤子，再往前走有一間學校，再來就沒有什麼東西了，於是我又回到自己的病房，回到自己的身體。

醒來之後，我靜靜地看著窗外，這時隔壁床小女孩的媽媽來了，說原來要住四樓的特別病房已經空出來了，這時……我突然想起靈魂離體時，在四樓看到的情景，於是我跟她說：「不要住四樓！」

雖然我不能說明原因（怕人家當我是瘋子……腦子有問題……）但是這時小妹妹非常信任我，於是跟她媽媽說她想要住二樓，跟我在一起，她媽媽想可能跟我在一起，有個伴可以聊天，而且兩個人年紀又相差不大，於是也沒有多說什麼。後來護理師來通知，如果小女孩不搬上樓，她們就要把位置給一個小男孩了，於是四樓的床位就給了一個小男孩。

到了晚餐時間，媽媽帶著豬肝麵來給我，這時媽媽問我有沒有想要吃什麼？我跟媽媽說：「妳下樓後，到路口往右轉後一直走，在到一間學校前，會有一個賣臭豆腐的攤子，我想要吃臭豆腐……」

媽媽半信半疑地走去，結果真的有一個臭豆腐的攤車，再往前還真的有一個學校，媽媽買回來之後，問我：「你什麼時候偷偷跑出去？」（當時我被規定，除了檢查，不能亂跑、不能運動，以免病情惡化。）我回答：「我沒有走出醫院門口！」媽媽聽完也覺得奇怪？！既然沒有離開醫院，那又怎麼知道哪裡有什麼？！味道也飄不到那麼遠啊！就算真的聞到味道，又怎麼知道方向和位置呢？聞到味道，應該也聞不到建築物是學校、公司還是店面吧？

當年我到醫院看醫生的時候，除了是媽媽直接帶我到醫院之外，我也從來都沒有機會去那外面正式走走，直到後來才知道，當時住的醫院在靜修女中和寧夏夜市的十字路口。

到了晚上睡覺前，也不知道幾點了，小妹妹的媽媽在醫院到處走走後回來，然後告訴我們一個驚人的消息，下午她看到後來搬到四樓的那個小男孩，看到他的時候還好好的，但是剛剛她經過那間病房，發現裡面有人哭得很大聲，她就問了一下是怎麼回事？原來下午看起來還一切正常的那個小男孩，病情突然莫名其妙地急速惡化……然後就死了……，聽完後小女孩沒有說話，就只是靜靜地看著我。

第二天小女孩偷偷問我：「你是不是知道什麼？！」我點點頭，沒有多說什麼，而她好像也覺得害怕，不敢繼續多問下去……

這就是我第一次「靈魂離開肉體」的經驗，其實靈魂離體的時候，感覺像是介於真實與夢境之間，所以雖然是第一次看到那麼真實的畫面，卻也沒有出現自己想像中會有的反應，像是感到噁心或是厭惡，一切視覺、聽覺、感覺基本上都是清楚中帶點迷濛的。就像是在穿牆、穿門的時候，也不會有什麼碰撞感或穿越感，只是發現的時候就已經過去到對面了。

事隔多年，如今回頭看這件事，其實是會令人捏一把冷汗的。因為以靈學的角度來看，人有「三魂七魄」，縱使「靈魂離體」，身體還會有「生魂」、「覺魂」存在，雖然沒有全部離體，但因為不夠完整，因此在那個當下，是有可能被不明力量入侵，所以有一定的危險性。

畢竟就算是正常有完整三魂七魄的人，都有可能在身體健康狀況不佳，精神狀態不穩定，或是運勢非常低落的時候，不知不覺被入侵。尤其當年我靈魂離體的時候，還是在好兄弟特別多的醫院中，因此當時可以說是處於非常危險的狀態。

我當時也可能會因為貪圖新奇，而去到更遠的地方，這就造成了另一個危險，靈魂離體時間太久、距離太遠時，有可能會出現靈魂永遠回不去的狀況。

我後來練就了「天眼通」，不再需要透過靈魂離體，就能脫離肉體與空間的束縛，前往我想去的地方。

靈魂離體

靈魂離體多半發生在個人遇到各種重大變化的時候，例如受重傷、生大病，或是其他一些特殊狀況，例如對某人思念過強烈的時候，大部份的狀況下，都是屬於被動型的發動，也就是並不是依照個人的意願來發動，甚至是解除；另外當我們進入睡眠狀態時，靈魂也會在潛意識中脫離肉體，在有意識或無意識的狀態下，這些都曾有過真實案例。

天眼通

「天眼通」屬於「六神通」，也就是「天眼通、天耳通、他心通、神足通、宿命通與漏盡通」，不管是發動六神通的任何一種，都是很耗元神的行為，因此修行者除非必要不會任意發動。而若因為私欲而使用六神通，通常會招致非常嚴重的後果，因此一般多用於正途，例如破除邪術、拯救苦難等。

科學說法

靈異與科學？

從我正式執業開始，至今已經三十年，這三十年來各大電視、廣播、平面、網路媒體的節目與採訪邀約從未間斷過，當然也遇過各式各樣的節目型態，有些節目的安排倒也別出心裁。例如我曾受邀長期上過一個節目，製作單位請我講靈異的部分，但與此同時，他們會找一個科技業出身的來賓，以科學的角度來「平衡」我的說法。

製作單位問我對這樣的安排意見如何？我認為這是一個很有趣的安排。其實就我的觀點來看，靈異就跟風水命理一樣，都是真實存在的東西，然而如果人們只是因為不瞭解，不想去認識，就武斷地斥之為「迷信」、「不存在」，這樣的想法是否反而不夠科學。

試想如果真的不存在的東西，為何古今中外，甚至科技設備都有拍攝到一些不可思議的畫面呢？也許隨著科技的不斷進步，多年之後，會有更多的證據可以證明，就像外國用科學角度去測量靈魂的重量一樣。

許多科學的理論跟說法在早期都曾被斥之為「迷信」或是「妖言惑眾」，最廣為人所知的，便是「地球是圓的」，「地球繞著太陽轉」這些在現代已經是常識的說法。在以前的人認為「地球是平的」、「太陽繞著地球轉」的年代，上述說法就被斥為異端，甚至對提出的人加以迫害，這些都是不存在科學精神的證明。

因此我數十年來致力於推廣這些學問，無論是透過節目、演講、出書……等等，證明風水、命理、姓名學……其實就是古代的統計學，是古代民間的生活「常識」。跟現在科學不僅不會互相衝突，甚至可以互相輔佐，彌補對方的不足之處。讓這些古人智慧累積出來的學問，將來也都能再度成為大家的「常識」。

在節目的錄製過程中，針對節目中出現的靈異影片，我以靈異的觀點去解釋，而科技人則以科學的觀點去解釋。但我發現他的解釋常常非常牽強，簡直到了「不科學」的地步。就像「有一些」拿著科學解釋風水、異象的節目，解釋的超荒謬的，甚至有時候解釋到讓我覺得，解釋的角度有點太過硬扯，很難讓我有信服感。再來就是我注意到其實有時候科技人解釋時，是一種感覺連他自己都不相信自己說的表情。

當然我以靈異、民俗的觀點去解釋時，通常都要條理明確，而且重要的是非常容易讓人聽懂，我甚至有時候還會看到科技人一邊聽我解釋，一邊不自覺點著頭，這讓我感到十分有趣。

科學專家的靈異故事

就這樣錄了幾集之後，我跟他慢慢變熟。有一次錄完一集，在中場的休息時間，他突然跑來跟我說：「謝老師！我其實非常喜歡看你的節目！」我聽了有點驚訝，他一直以來不是都嘗試以科學觀點推翻我的言論嗎？

我提出了我的疑問，他有點不好意思，說其實他是相信靈界的存在，然後便跟我說了其中的原委。

科技人其實本來從小就不相信這些靈異的事情，認為萬事萬物都應該有它的科學依據，但自從有一次遇到了一次靈異事件以後，就完全改觀了。

他在還是學生的時候，有一次到某家戲院去看電影，看到一半突然覺得有點想上廁所。

那個年代有些二輪戲院是不清場的，可以從早看到晚都沒關係。因此他也不太在意會不會錯過劇情，反正真的感覺錯過重要劇情的話，就再等下一輪就好，於是他便好整以暇地慢慢晃到廁所。等上完廁所正在洗手時，突然從鏡子裡看到一個「人」從門外走進來。

他被嚇一跳，因為那「人」真的是無聲無息就出現了，而且奇怪的是，那人似乎是橫著從他後面走過去，他想說怎麼會有人跟螃蟹一樣走路？於是他再透過鏡子定睛一看。不看還好，一看整個汗毛直豎，心臟發出咚的一聲，那人身上的衣物竟然全部是燒得焦黑的感覺，他再將眼光往上移，那人臉上全部都是燒焦的痕跡，而且正面無表情地盯著他。

科技人被他盯得腿都軟了，再鼓起勇氣仔細一看，那個好像不是化妝或裝扮，臉上燒焦的皮屑，像是真的燒過的感覺。身上有些布料飄啊飄的，彷彿隨時都要脫落掉下來，空氣中甚至有伴隨而至的燒焦味，圍繞著整個廁所。

這時候的他想著，這一切都是騙人的吧！於是他試著想要用眼睛「再次確認」，無奈何自己的雙腿不聽話，頭也轉不過去。他只好用眼角的餘光去瞄，確定有一個「人」在旁邊，可是怎麼有點虛虛的，不太像平常時候有人在旁邊的感覺，更慘的是因為腿已經軟了，不能讓對方知道自己已經看到「它」，還要假裝自己沒有看到，不能露出驚恐的表情。

大家也許不知道什麼叫「度日如年」，但是此刻的他，每一秒都活在煎熬中，這時身後的鬼影向前了，站在他的身旁照著鏡子，與他幾乎是平行地站著，這下他更確定「它」絕對不是

「人」了，因為此刻他發現，他是可以直接透過「它」的身體看過去的，也就是他其實可以看到「它」身體後面的東西，這不是鬼扯嗎？怎麼可能辦得到！他竭盡一切地去想，可以用什麼方法做到，奈何無論他怎麼努力，腦海就是一片空白。

就在他腦海空白、雙腿發軟，全身定格的這個時候，身旁的好兄弟又有動作了。好兄弟開始移動、飄移，穿越廁所門，沒入左後方其中一間廁所了……

這個時候彷彿被解開了定身咒，腿還是軟的，但如果不跑，「它」又從廁所裡面飄出來怎麼辦？於是他再也忍受不了，便以畢生最快的速度逃出了廁所，更直接跑出戲院，然後不知道跑了幾百公尺，直到看不見戲院，全身都沒有力氣了才停下來。

後來他回去查了資料，才發現這家戲院曾經在幾年前發生火災當時很多人逃命不及，葬身火窟。而且當時因為廁所有指示燈，大家一股腦地衝進廁所，進去後才發現原來裡面沒有對外通道，根本出不去，而門口不明就裡的人，還是不斷往裡面擠，於是最後都葬身火窟了。

我聽完以後點點頭，就問他是不是自從有了這樣的親身經歷以後，就開始相信靈界的存在？他聽了點頭如搗蒜，還說他後來還發揮了「科學精神」，又查了許多資料與網路留言，才知道其實有許多人也曾經在那家戲院遇到類似的狀況，而這些人彼此之間並沒有任何關係，因此可信度十分高。

於是科技人至此相信，他那天在戲院廁所，是真的遇到之前戲院火災的受害者轉變成的靈體。而他也終於相信，這世界上有靈異的存在。

靈界的存在不可否認

他以前讀書時念的是科技專業，後來做的也是科技相關的工作，原本應該是個「科學至上」的人。但自從有了那樣的經歷以後，對於靈界的存在可說深信不疑。只是因為節目單位的要求之下，必須提出反證，但是常常說著說著連自己也不相信自己說的，只能說完再補上一句「不過這樣的機率很低。」

其實我必須說，靈界的存在是無可否定的事實，並不會因為宗教信仰不同、職業工作不同，或者種族國籍不同，它就會存在或不存在。就好像一杯水放在那裡，我們看得見，但當這杯水裡面部分的水蒸發或揮發了以後，變成水分子存在於空氣中。此時我們肉眼雖然看不見，但絕不能因此說那些水不存在。事實上，只要透過科學的方式，像是濕度計測量或是試紙檢測，就可以很簡單證明那些水的確存在於空氣中。

而靈界的循環也是一樣的道理，當我們活著的時候，我們的肉體可以被眼睛所看到，可是當人在往生變成靈體以後，就像水氣一樣，眼睛雖然看不到，但其實是真實存在的。

而且就算是水氣，也會在不同的情境中，藉由各種方式出現在人們眼前，例如天上的雲就是水氣的集合體，之後變成為雨水落下，而水氣透過陽光的照射，也有可能形成彩虹，讓人們所看見。

這就像人們在投胎之前，可能會以靈體或其它的方式存在於世界上，而等到這些靈體投胎轉世之後，就又會變成我們所看得到的人。而這樣的過程，也就是我們所謂的「輪迴」。

卷

貳

真實靈異事件簿

檔案編號 002

白目學長

經過三年充實的學校生活，這個在我因為生病而休學後，讓我重新找回自信，並且發光發熱的人生重要過程。畢業後隨即接到兵單的我，決定先投入軍旅，接受另一階段的人生歷練。

部隊裡的好兄弟

因為從小練武，就算進學校唸書也從不間斷，雖然穿上衣服時看起來瘦瘦的，但事實上我在學校時，曾被同學說過我有媲美功夫巨星李小龍的精實身材（雖然我當年的腹肌已經練到七塊）。

同時因為每天上下圓山的關係，體力也是優於常人，從圓山山頂扛著腳踏車跑到山下，再騎到松山「協和工商」只要二十幾分鐘，幾乎沒有同學知道我曾經得過幾乎讓我命危的急性腎盂炎。

再加上我完全沒有視力、聽力……等等的問題，因此在當兵前的體檢中，理所當然被列為甲等體位，並且經過評估後被編派到憲兵部隊，本來被選為特勤單位，後來因為我被歸為「類獨生子」，因此不能當特勤人員擋子彈。

本來我考上了「憲光藝工隊」，也因為某些原因，名額被佔走了，而只能當一般的憲兵，不然聽說藝工隊「好兄弟」的故事更多。憲兵新訓的地點在桃園林口，那是一個離高速公路很近的營區，新兵訓練雖然嚴格、辛苦，但習慣了也就還好。

在下部隊後看到的好兄弟，多半是以前在軍中發生意外，或是因為這裡原本是亂葬崗，又或者是因為一些個人因素，像是不適應嚴格的軍旅生活、聽到女友兵變、家裡出狀況……

謝沅瑾老師一畢業後就接到兵單，便立即投入軍旅生活。

等等，一時壓力太大，又因為本身個性比較內向溫和，不習慣向人訴苦或抱怨，於是找不到方式排解，因此想不開而自殺。

最後這類的好兄弟因為屬於自殺死亡的關係，都變成了「地縛靈」，會一直留在那裡。同時因為生前個性的關係，成為好兄弟後，也多半比較溫和，他們通常沒有什麼惡意，就只是在那邊徘徊而已。

因為在當年部隊裡面，新兵能取得的只有步槍，所以他們自殺時，一部份是將槍頂在下巴，直接朝頭部開槍而身亡的。所以我看到一部分的好兄弟，流著滿頭滿臉的血，有時還有類似腦漿的液體。表情雖然因此不太容易看得清楚，然而那種惆悵無奈的心情，還是相當確實地傳達過來。

此外，也會看到因出車禍而死亡的亡魂，在附近徘徊，因為車禍的關係，有的斷手斷腳，或者臟器外露，委實令人觸目驚心。而這類靈體通常有時候會因為有「鬼王」的控制而「抓交替」，也就是找到下一個靈魂，來替代自己的位置，才能使自己離開此處。

公路車禍死亡的「靈」主要是分成三種，一種是意外來得太快，例如開車時突然被後方車輛瞬間追撞，或是因為視線不清、打瞌睡等，因此車輛直接撞上其他車輛或物品，導致當場立即死亡，因而不知道自己已經死亡的靈體。

另一種則是意外發生後沒有當場死亡，但卻因此必須在死前持續感受痛苦，或是車輛已經起火，但人卻卡在車輛中，只能孤獨且絕望地等待死亡來臨。這種靈體通常怨氣較深，心懷不甘，因此多半會主動尋找，甚至會刻意製造「抓交替」的機會，以便早一日獲得解脫。

最後一種是經過送醫搶救，在醫院或到達醫院中途死亡，而生魂跟著身體在半路迷失。

因此有些路段經常會出現明明天氣很好，但經過此路段時卻突然出現不明大霧，或是駕駛會聽到一直有人跟他講話，叫他從事突然轉彎或是緊急煞車等危險行為，又或者會看到路邊有「人」招手攔車，等靠近時仔細一看，卻完全不是正常人類應有的模樣，若是開走不理睬，等一下又會在路邊再一次看到那個「人」。

「學長」的下馬威

下部隊後，我被派往台中的憲兵指揮部。一般人所知道的憲兵，大概就是維護軍紀，執行軍法，此外就是赫赫有名的機車連。但其實憲兵的任務還有很多，像是調解軍民糾紛，或是協助處理某些刑事案件等等。

憲兵因為處理的事務難度較高，因此對兵員素質以及訓練的要求也高，這對我來說，自然是感覺充滿挑戰性。不過從小在營區附近長大的我，經常跟各種阿兵哥聊天、聽故事，因此對於軍中倫理與行事作風都瞭解不少，在部隊的生活可說是如魚得水。

很快地，我得到許多長官的讚賞與愛護，與同梯的交情也非常好，因為懂得比較多，因此許多同袍甚至長官還會特地跑來問我什麼事應該怎麼處理，我也都會「傾囊相授」，跟大家都相處得十分融洽。

我當時因為努力學習與練習，很快就熟悉各種憲兵專業勤務。後來開始被派往不同的看守所去學習和教導憲兵勤務。在那樣的過程中，我除了看見形形色色的人，當然也包括形形色色的好兄弟。

一般來說，人與靈體會在各自的空間活動，互不侵犯。但因為某些靈體可以看見人類，但人類通常不能看到靈體，因此再進一步地說，靈體通常不會去主動去侵犯人的領域，除非人侵入靈體所在的範圍，特別故意做出不尊重，甚至是挑釁的行為，不然如果是不小心的，靈體多半是睜一隻眼閉一隻眼，通常會選擇迴避或者冷眼旁觀。

某次有一個剛從外島調回來的學長，他才剛來第一天，就讓人非常受不了，因為他自認為自己是學長，有資格叫學弟做事，又覺得自己非常厲害，叫學弟做事都是頤指氣使，態度非常不客氣。

憲兵單位當年是學長學弟制，學長是很有地位的，就算只大一梯，不管學長說什麼都要遵從，即使是不合理的事，學弟們通常也只能默默忍受。所以遇到這個新來的學長大家都敢怒不敢言，即使私底下早就罵聲連連。

我們單位的寢室是上下鋪的型式，一般在軍中來說，下鋪因為不用爬上爬下，比較方便，因此學長通常都會挑下鋪睡，再來就是越靠近電風扇的床位，通常也是比較資深的學長在睡。

然而在我們的寢室中，卻有一張床的下鋪始終是空著的，就算有調回來的學長，通常也是安排睡別的床位。因為一直以來，那張床只要有人去睡，就一定會出事，所以久而久之就一直都是空床。而學弟們除非真的很白目，否則絕對不敢提出「想去睡下鋪」的要求，不然可能除了被看得見的學長修理，而也會被看不見的好兄弟修理一番。

當時那位學長調過來的時候，整個寢室剛好只剩一個上鋪，以及那個一直沒有人睡的下鋪。因為其他下鋪全部都是別的學長在睡，所以新來的學長就說他要睡那個沒人敢睡的下鋪。

當然現場有其他人好心提醒他，但他聽了就說他才不想睡上舖，他不信這些妖魔鬼怪的事，在外島半夜站哨他都不怕了，這有什麼好怕。說完就把那張床上之前留下來的符咒、香火袋等，一股腦兒直接丟進垃圾桶。然後嘴裡唸唸有詞地說道：「誰放的這些東西，我才不信……」完全不理會他人。

其他學長看了聳聳肩，就回到自己的床位。但以我來看，從我下部隊到這個單位的第一天開始，那個下舖其實一直有一個「學長」在，每天晚上他都會定時「睡」在那張床上，但有時候偶爾會看不到，我就猜想不是去走走就是去「站哨」了。

其實如果是別人，我通常都會好心提醒，盡量不要在那個床上躺下或坐下。但這個學長囂張的表情跟語氣，待人接物態的度真的非常不佳，完全讓人沒辦法尊重他是個學長，再加上個性又很鐵齒，我這個學弟講了，他應該也不會相信，反而還可能會挨罵，我何必自討沒趣。

因此我決定讓他跟那個床位上的學長「好好相處」，讓他瞭解這個世界不是他最大，最了不起，這個世界絕對有他不得不相信的事。

那天晚上我剛好站三五，也就是凌晨三點到五點的哨，這種時段通常都是比較菜的學弟在站，因為下哨後再睡沒多久就要吹起床號了，等於是半個晚上沒辦法睡。但我因為從小練習武術的關係，可以藉由控制呼吸與氣的循環，讓自己很快入睡，而且睡眠品質很好，因此這種哨對我來說，並不是很大的困擾。

凌晨兩點多，衛兵來叫我起床準備去站哨，我起身下床後，先往學長所在的下舖望過去，黑暗中便看見蚊帳裡面有個人影坐著，正發出細微的「嗯嗯啊啊」聲，我心想學長因為是第一天到，所以水土不服肚子痛嗎？

我下床後，走得稍微近一點，更仔細一看，才發現原來是原本那個「學長」正坐在新來的學長身上，而發出聲音的正是躺在床上的學長。我當時看了實在很想笑，「學長」因為床位被佔，「感覺」心情不是很好，我有點想要湊近去看，但想到萬一不小心拖哨就不好了，於是便趕緊開始準備上哨，旁邊的學弟試著用眼神問我，要不要叫醒他，我默默地搖搖頭，示意不要給自己找麻煩。

站哨的時候有時會看到「學長」們在徘徊，但就像之前說的，如果我們沒做什麼事，「他們」通常不太理我們，就只是在那邊徘徊。

下哨之後，我換好服裝回到寢室，上床之前我特意悄聲走過去，沒想到那個「學長」還坐在學長的身上，學長也還持續不斷地發出細微的聲音，我看了忍不住竊笑，這一笑引起「學長」的注意，他抬起頭來「看」著我，我便對「學長」點頭致意，表示我不會插手。

接著躺著睡覺的學長，開始喊著「一、二、三、四、向右轉！……一、二、一、二……」看來坐在他身上的學長正在罰他「出操」，我笑笑地搖搖頭，便回到自己的床上，調整呼吸迅速睡著。

入睡沒多久，起床號響了，眼睛還來不及睜開，就聽到新來的學長開始大聲嚷嚷，說他昨天晚上被「鬼壓床」，還不斷大叫「原來是真的！」、「我要換床！」然後聽到乒乒乓乓的聲音，他衝去垃圾桶，翻出昨天丟掉的符咒、香火袋等物品，並趕快把東西放回床上原本的位置。

我們所有人都在心裡竊笑，想說你不是說不相信嗎？那你怎麼知道自己是被「鬼壓床」？從此以後，那學長對於這類的事情閉口不談，就不敢再那麼鐵齒，而同單位另一個看得見的學長，也和我相視一笑，心照不宣。

行駛中若突然感受到異樣……

如果駕駛過程中受到不尋常的氣候改變，突然出現不明大霧，或是聽到一直有人在耳邊講話，甚至要求他在行進間從事危險行為，又或者是看到路邊有「人」招手攔車，等靠近時仔細一看，卻完全不是正常人類應有的模樣，開走不理睬，不久後又再一次看到那個「人」。此時一般在民俗上建議，無論是駕駛本人，或是發現駕駛狀況不太正常的乘客，都可以默唸平時信仰的神明法號或佛號，便可安然脫離狀況，但是如果覺得實際現場狀況嚴重，最好把舌尖頂在上顎門牙的後方，調整呼吸讓意識能夠集中，並強化持續默念，平時信仰的神明法號或佛號，就會有更強大的保護能量。

死者的探視

看守所裡的憲兵單位，除了一般的站哨以外，也要負責巡房，因此我在夜間巡房的時候，也經常因為特殊體質遇到許多不可思議的靈異現象。

有一天晚上，輪到我跟上次那個因為執意睡下舖而被好兄弟壓的學長，兩個人一起負責巡房。巡視完第一輪，那個學長找到時間又開始跟我吹噓他過去的豐功偉業。

基於巡房的職責，我一邊聽著學長講話，一邊豎起耳朵，聽著裡面有沒有什麼不尋常的動靜。突然我看到牢房門口有一個不知從哪裡突然出現的「人」，他理所當然地朝我們走過來，從學長背後通過，就這樣直直朝牢房走進去。

我雖然當下就知道「他」是位好兄弟，但因為不知道他會做出什麼事，因此就本能地隨著他的動態轉動視線。臭屁學長正講得興起，看到我突然把臉轉開，視線不斷移動，就叫了我的名字，不悅地說：「學長在講話，你在看哪裡？」

我正要說點什麼時，學長看到我一直盯著某處，也覺得有點怪，便跟著轉頭看過去。

我不知道他看到什麼或感覺到什麼，我只見到那個「人」直接「走」進一間牢房裡，原本在睡覺的犯人們，竟然在睡夢中坐起來，口中唸唸有詞，彷彿是在聊天，過了好一陣子以後，犯人又躺下去睡覺。

當第一個人躺下去後，學長正準備回頭繼續「教訓」我時，第二個人又突然坐了起來……

這個不長眼的學長，轉過頭來問我：「他們在幹什麼？」

我心裡想著：「你這個白目學長，勤務懂得比我少，什麼都不懂，還在那邊擺什麼學長的架子……」

我面無表情淡淡地說道：「之前同牢房被槍斃的犯人，現在回來和他們道別。」

學長面露驚恐地說：「你不要亂講話！」

他眼睛死死地盯在牢房裡。只見這個剛躺下去，另外一個又坐起來，一個接著一個……

學長經過那次被鬼壓床的事件以後，對這種事已經不敢鐵齒。因此他當時就望著我，像是在詢問我的意見。我搖搖手，示意先等待著，等「他」離開牢房門口後，我才表示繼續巡房。

隔天經過幾個學長的查證，這間牢房裡的人都說昨天晚上他們夢見了被槍決的獄友，他回來跟他們聊天並道別。

信和不信，決定在你。但是我想那個鐵齒的白目學長，雖然嘴上依舊鐵齒，但是在他的內心之中，應該已經留下一道深深的陰影了。

謝沅瑾老師從小在營區裡長大，深諳軍中文化，待人真誠謙和，在部隊裡人緣很好。

陰陽法庭

我從憲兵訓練中心下部隊後，主要服役的地方是軍事看守所，這裡收容的是軍事犯，部隊裡面有法庭、看守所、管訓隊，必要時還需要前往刑場，協助執行死刑犯的槍決事宜。

我們部隊駐守的這個看守所，其前身是一間野戰醫院，所以我當時看到的靈體，除了以成年男性的軍人為主之外，其他不管男女老幼都有。當時看守所裡面，還有一些洗手台，我好奇詢問為何不使用，學長告訴我那是當初廢棄洗屍台的建築，非常陰，早期很多人都在那邊看到好兄弟，因此後來就沒有使用。

除此之外，整個看守所據說最陰的地方，便是法庭裡面的一間小庫房，剛下部隊的菜鳥們都會被學長們警告，除了要拿放東西以外，沒事盡量不要進去，就算有事進去也要輕手輕腳，快進快出。不要以為沒人就想待在裡面打混摸魚，當然更不要睡在裡面。

但總是會有一些不信邪的人，很喜歡以身試膽，來挑戰這些「禁地」……

謝沅瑾老師下部隊之後，被派駐到軍事看守所服役。

謝沅瑾老師的駐守地周邊過去曾是野戰醫院，因此有多不勝數的靈異傳說。

女鬼的庫房

某一天，有個剛調來這邊沒多久的士官長，，問大家這邊最陰的地方是哪裡？大夥兒當然異口同聲說是庫房，那士官長一聽，眼睛都亮了，就馬上把棉被、枕頭等等都搬去庫房，說今晚要睡在庫房，他要看看到底有多陰。幾個學長勸不住，也只好任憑他去。

當天晚上睡到一半，聽到法庭那邊有尖叫聲傳來，但是過沒多久，就聽到士官長大聲嚷嚷了一陣，接著再也沒有聲音。

隔天白天一問，才知道昨天晚上站哨的衛兵，突然聽到士官長的尖叫聲，衛兵是知道士官長睡庫房這件事的，因此第一時間急忙跑過去法庭，發現士官長正一邊大叫，一邊連滾帶爬地逃出庫房，頭還不停往後看。

衛兵連忙把士官長扶起來，並帶離軍事法庭，士官長不再發出聲音，只是不斷顫抖著。稍稍平復之後，他才跟跑過來的班長和輔導長說，他在庫房睡到一半，就突然覺得有人壓著他，士官長經歷豐富，對鬼壓床當然有經驗，只是這次跟以往的經歷完全不同。

士官長用發抖的聲音說，他剛剛不僅感覺被壓床，還清楚看到了那靈體的模樣。嚇得士官長趕緊想要唸佛號，但卻發不出聲音來，這讓他驚恐萬分，好不容易最後終於擠出聲音，才感覺身體慢慢開始得以動彈。等到士官長發現自己終於可以動之後，他不禁放聲大叫，接著就想逃出庫房，只是手腳麻木無力，這才造成連滾帶爬的狀況。

聽到士官長的經歷後，大家不自覺地搖搖頭。因為從頭到尾大家都勸士官長不要進去睡。然而這就像人與人之間的交往一樣，大家如果互相尊重的話，基本上不會發生什麼事，但如果有一方硬要無理地挑釁對方，那自然是很容易出狀況的。

以那位「女鬼」來說，那間庫房可以算是她的地盤，日常大家因為公務必須進出庫房，她自然不會干涉。然而那位士官長不管他人勸告，如此大張旗鼓的「侵門踏戶」，她自然必須要「提醒」他一下。

夜半法庭的審判

我在那個看守所時遇到印象比較深刻的靈異事件，是一次規模驚人的「時空交錯」場面，橫跨了時間與空間的過去，在我面前從頭到尾演過一遍，以現在來說，就像是高科技的3D全息投影一般。

那天我站哨結束，與前來接班的同袍交接之後，原本打算直接回去寢室睡覺。但是一來剛剛連續站了兩個小時，二來其實還有一點時間才會起床，左思右想還是先去上個廁所。從我們部隊的寢室前往廁所的走廊，中間會先經過軍事法庭，我慢慢走在通往廁所的長廊上，突然有一種異樣的感覺，就是附近有靈體，而且「人數」還不少。

我感覺靈體大概是在法庭附近，因此經過法庭門口的時候，我便下意識地瞄了一眼。一看之下，發現法庭的被告席上竟然站了一高一矮，兩個犯人模樣的「人」肅立在那，面朝著法官席，像是正在聆聽宣判，而法官席上，根本空無一人。

我下哨時已經是凌晨三點，不管再怎麼樣緊急的事，也不可能在那時候開庭。就算真的是犯人跑出來，前後也都有憲兵駐守，不可能輕易讓他們通過，再加上如果犯人真的有這種可以逃走的通天本事，就更不可能自己又跑回法庭，還站在被告席上，三更半夜誰會沒事關燈站在法庭被告席？

因此站在被告席上的兩人，很明顯就是兩位好兄弟，但我好奇的是，他們看起來不像是一般受了委屈的靈體，為了「申冤」而一直重現當初受委屈時的狀況，反而都是一副知道錯了的表情，那是什麼樣的力量驅動這個光景的重現？

我想到這，感覺更加詭異，這狀況絕對不簡單，我因為不想再干擾「他們」，也不想插手這件事，便沒有再看，轉身繼續往廁所的方向走去。只是走著走著，感覺越來越不對勁，這條走廊我不知道走過幾百次，但現在卻整個充滿了違和及陌生感，彷彿我是第一次走，又彷彿是……有什麼事情正要發生？

目睹現實與過去的時空交錯

就在我終於快走到廁所時，突然聽到圍牆外面有車子快速駛來的聲音，我仔細一聽，馬上就聽出是一台兩噸半的軍用卡車，原本就很吵雜的引擎聲再加上行駛聲，在這三更半夜裡聽來更覺突兀。

過沒多久，就看到卡車大燈掃在鐵絲網上的光線。我所處長廊的底端，便是整個看守所最外圍的圍牆，圍牆上方除了有兩個全天候看守的崗哨外，整個牆壁上方也完全佈滿防範安全的鐵絲網。

我感覺事有蹊蹺，顧不得上廁所的事，決定先往長廊尾端繼續走，一邊走一邊感覺聲音和光線越來越強烈。我心裡想，那軍用卡車的速度真是快，到底有什麼急事，而且我們營區接近大門前有一個大轉彎，如果開這麼快，很有可能來不及過彎，該不會是其它營區過來的車，所以不熟悉這裡的路況？

此時車燈的光跡快速橫掃，伴隨急彎的聲音，我心想終於轉彎了，說時遲那時快，卡車發出尖銳的緊急煞車聲後，接著便有一個女孩子尖叫的聲音，然後就是一聲很大聲的碰撞聲。

我心想糟糕，出事了！我趕忙以最快速度衝過去。我直接衝到大門口，看到站哨的兩個衛兵，我直接問他們剛剛外面發生的車禍，現在狀況怎麼樣？

那兩個人你看著我，我看著你，一臉茫然的表情，完全不知道我在講什麼，其中一個人說：「報告，剛剛沒有看到車子經過，也沒聽到車禍的聲音。」我聽了感到不可思議，該不會剛剛兩個人都在打瞌睡吧！那麼亮的車燈，那麼大的聲響，就算打瞌睡也該被吵醒了。

我看著他們滿頭霧水的表情，顧不得他們就先跑出大門口，往發出碰撞聲的方向去找，結果……不僅沒有卡車跟人的蹤影，地上連煞車痕、血跡……都沒有！

此時我心中突然想到可能是什麼狀況。但在這之前，我還是又到其它兩個看得見營區前方的崗哨，詢問站哨的衛兵，結果每個人都跟我說並沒有看到任何卡車，也沒有聽到卡車行駛的聲音，更沒有聽到女孩子尖叫的聲音。有一個衛兵還跟我說，在這一、兩個小時之內，營區外頭完全沒有任何車輛或行人經過。

在確定完全沒有車禍的狀況下，我慢慢走回法庭，往裡面看了一下，裡面空無一人。我上完廁所，回房間躺下，確定我剛剛遇到的應該是「時空重疊」，過往曾經在這邊發生的事情，不斷地重演，而今晚剛好被我完整地「看」到了。

我在床上整理了一下，應該是先發生了車禍，然後才有兩個駕駛兵受審的事情，而那段期間，因為我所在位置的關係，因為我是先到法庭，所以先看到那一高一矮的被告，在聆聽審判的情境，然後走到了走廊尾端，看到跟聽到卡車駛來的光線和聲音，然後聽到車禍發生的當下，急轉彎聲、煞車聲，尖叫聲……撞擊聲，然後瞬間歸於寧靜，彷彿一切都沒有發生過一樣。

後來我詢問了幾個在營區待得比較久的人，其中一人跟我說，他以前曾經聽過學長說很久以前大門口附近發生了一場車禍，兩個駕駛兵酒後駕駛，回營區時撞死了一個女孩子，女孩子當場死亡。

我聽到這裡，心裡便有了頭緒，造成那場車禍場景重演的，並不是駕駛兵，而是那位女孩子。女孩子走在路上，不幸被疾駛而來的軍用卡車撞死，成為靈體後，「親眼」看見了兩個駕駛兵受審的情形，並依此重演了整個場景，讓我親眼目睹。

無頭灌籃

因為對憲兵專業很熟練的關係，我經常被調派至各單位教導憲兵勤務，在一次支援嘉義看守所的時候，遇到了令我難以忘懷的經驗。

被水泥封死的「門」

初到看守所的時候，還在大門口就感覺這個地方的氣場不太尋常，進到了裡面以後，就被看守所圍牆上的一道看似已經封死的門形所吸引。在重兵守衛的看守所圍牆上開一道門，然後再用水泥封起來？這似乎有違常理，我腦中突然靈光一閃，這道「門」該不會是……

我忍不住靠過去仔細端詳，之後更直接伸手觸摸那道「門」，而當手指碰到那片水泥「門板」的時候，我瞬間起了一身的雞皮疙瘩。這是一個酷熱的盛夏中午，我卻彷彿像是摸到了冰塊一般，涼意從指尖透進身體。

我反射性地將手縮回，接著再摸摸「門」旁的牆壁，於是我再一次縮回手指，是滾燙的水泥！這道「門」……莫非就是傳說中的「靈界出口」？也就是專門給好兄弟出去的「鬼門」。

由於我是被調派前去擔任教導憲兵勤務，因此身份上來說算是比較特殊的。我的軍階雖然不高，但是因為熟悉勤務的關係，大多數的長官都會對我很客氣。

圍牆上那道無形的門，應該很容易讓普通人感到不解。一個收容受刑人的場所，在防止犯人逃跑的圍牆，竟然曾經開過一道門，隨之又將門用水泥封起來，這狀況讓一般人怎樣也無法猜想其來龍去脈。

我在看到那扇「門」的當下，雖然馬上就看出其「作用」，但對於來龍去脈卻是非常好奇，便直接開口問了該單位的長官。那位老士官長聽到初來乍到的我這麼一問，就知道我不是個簡單的人物，居然看得出門道，於是便和我娓娓道來這一切的前因後果。

原來，那個被圍牆圍起來的地方，是一個籃球場，也是給受刑人放風活動的場所。某一天，比較靠近籃球場的牢房裡，受刑人突然開始鬧得很兇，都說籃球場有鬼，要求換牢房。受刑人說，半夜有時候會有一個女生在籃球場上唱歌，還有個男的會現身打籃球，可是那個「人」沒有頭！

我聽到這裡，腦子裡很快思索了一下，有男、有女，一個唱歌、一個打籃球……我腦中好像開始有點頭緒。

無頭男子與唱歌女子

老士官長接著跟我說，他投身軍旅也幾十年了，打過的戰爭那麼多，看過的事情也不少，對於鬼神靈體這類事情，他當然是相信的。當不只一、兩個人，而是這麼多人都說有看到，甚至是詢問幾個當時正在站哨的士兵，他們也都說有看到，而且也被嚇到……。在這樣的狀況下，基本上就不會是串通好亂講，而應該是真實發生的。

但偏偏當時的所長也是剛調來的，而且還是個超鐵齒，根本不相信這些妖魔鬼怪的人，因此對這些受刑人的說法，基本上是根本持著不相信的態度。

我聽到這，立刻想到之前那位外島調回來，堅持睡下鋪而被鬼壓床的學長，該不會這位所長後來也遇到類似的遭遇？

幸好所長雖然本身不相信，但是鬧得這麼厲害，當然也不會因此就不把受刑人的訴求當一回事。有一天他終於下令籃球場周圍崗哨的衛兵，如果晚上任何人有發現受刑人所說的狀況，不管幾點，都要馬上按鈴叫他出來看。「我倒要看看一個沒有頭的人要怎麼打籃球！」所長這麼說著。

所長下令後過了沒幾天，一個夜黑風高的晚上，此時籃球場上當然是空無一人，只有月光照著空蕩蕩的球場，不過雖然昏暗，但若是有人出現，還是可以清楚看見。

站哨的衛兵們，不時掃視四周，並豎起耳朵注意是否有奇怪的聲響。到了大半夜，最靠近牢房對角線的衛兵，突然聽到了一個細細尖尖的聲音，那聲音婉轉悠揚，是女孩子在唱歌的聲音！聲音雖然細微，但仔細聽來卻句句入耳。

衛兵登時精神百倍，他心想「出現了！」，他用目光搜尋操場，仔細尋找著聲音來源，結果就在籃球架的陰影中，有個白影坐在那邊，雖然當晚平靜無風，但那白衣服卻微微地飄揚著，在這之中，細柔的歌聲仍不斷地傳過來，彷彿下一刻就要消失的細柔。

就在衛兵還沒回過神來時，那女孩子突然把頭抬起來，「要被發現了！」衛兵心裡大驚，下意識想要縮回身體，但此時同樣是籃框的陰影處，突然傳出了拍打籃球的運球聲，接著一個無頭的男子從陰影中跑出來，原來那女孩子抬頭是因為男子的出現。

男子迅速來到籃球場中央，只見他漂亮地運球，時而單手運球，時而左右換手運球，時而背後運球，彷彿正在進行精彩的過人。

男子一瞬間就回到籃框下方，只見一個轉身，一個起跳，彷彿火箭般起飛，然後輕巧地轉身，「碰！」的一聲，竟然是個精彩的雙手灌籃。

這一連串讓人目不暇給的華麗動作，使得這些休息時間也會打籃球的衛兵們都暗自叫好，這簡直是國家級球員的身手了。只是……他們突然回到現實，定睛一看，才發現這名「男子」果然沒有頭。

「男子」灌籃後繼續運球，準備下一輪的「進攻」，只是這些衛兵已經冷汗直冒，無心觀賞。靠近籃球場的牢房裡，似乎有受刑人也發現「他們」又出現了，裡面開始傳出一些騷動聲。

其中一個衛兵突然想起所長的命令，便火速按鈴請所長前來。不到幾分鐘，所長、輔導長與老士官長三人一同現身籃球場邊，但他們三人還沒靠近幾步，就整個停住。

原來還沒走到球場時，所長就聽到那女孩子的歌聲，雖然細聲細氣，卻穿透力十足，所長聽在耳裡，雙腿已經開始不聽使喚。等進入球場，看到那個打籃球的「男子」，在明亮月光下的剪影，頸部以上竟然空空如也。所長硬著頭皮想繼續前進，怎奈大腿完全使不上力，用盡力氣卻怎樣也無法再前進一步，上衣已經整件被冷汗濕透。

輔導長也沒好到哪裡去，他轉頭看到所長的樣子，便想跟老士官長說些什麼，但一開口卻只聽見自己牙齒咯咯咯咯的聲音，一句話也講不出來。幸好老士官長不愧是身經百戰，臨危不亂，他馬上理解輔導長的意思。要是所長腿軟坐下甚至暈倒，被衛兵或是受刑人看到，將來要如何帶人？

幸好他們站的地方月光照不到，遠遠地看，他們三人只是站在那裡不動而已。於是老士官長便火速與輔導長一左一右將所長架離籃球場。

歷經那晚的驚魂記之後，所長不僅完全相信，還請老士官長立即用最快的速度解決這個問題。所幸老士官長人脈廣，馬上便找來一位道行高深的法師前來處理。

鬼魂的出口—陰陽門

法師到了現場勘查過後發現，原來這整座看守所在興建時，剛好是蓋在亂葬崗上，而且整個看守所的方位，未依照正確的八卦方位留下「出口」，而看守所的圍牆剛好把「鬼門」封住，造成整個亂葬崗的氣場無法流通，好兄弟們進得來，卻出不去，鬼魂無法出去的結果，等於被困在此處，造成了幾個「念」比較強的靈體，時不時就會現身讓人看到。

最後看守所方依照法師的指示，在「鬼門」的方位上，開了一道門，做了一場法事之後，再將之封住，使其成為風水中的「陰陽門」，用來替代原本的「鬼門」，成為靈體的出口。而自從那扇「門」做好以後，看守所裡面就再也沒有類似的狀況發生。

風水學認為，住家內若是同一個空間出現對內開兩道門的情形，便容易出現「迴風煞」的情況，此時需「封門」作為化解的方式。但封門必須讓門的形象徹底消失，如果「封門」後還是「很清楚」看得出有門的形象，在風水學上便稱做「陰陽門」，可能會導致靈體由此進入家中，使得家中容易出現靈異的情況。

我雖然很小就學到有關「陰陽門」的知識，後來也看過不少，但師父經常教導我，風水學要活用才會變成我們的活智慧，不然就只是寫在書上的死知識，因此要多看、多聽、多學、多用。

於是在老士官長說完這個故事後，我不由得佩服那位法師的處理方式。一般我們聽到「陰陽門」，想的便是該如何化解，但那位法師卻藉由在八卦方位上開口，並創造一扇「陰陽門」，成為好兄弟的出口，來化解鬧鬼的危機，真是令人不得不佩服。

其實不管是營區、監獄，或是類似的各種建築，民俗上來說其實都建議應該要設有「陰陽專用的出入口」，讓在各度空間來回的靈體得以進出。考量方位問題，以免各種靈體無法離開，反而容易造成靈體因為困在此處，導致靈體現形擾亂的現象。

我在那個看守所支援的期間，每次經過那扇「門」的時候，都會下意識的去摸摸看，那扇「門」真的很神奇，不管是晴天、雨天、氣溫是冷是熱，那扇門的位置摸起來永遠給人乾燥、冰冷的感覺。

八卦小檔案

八卦是「易經」的基本概念，可代表一切自然現象的動靜狀態。

八卦：乾、坤、坎、離、震、巽、艮、兑分別代表8個方位

而在「易經」中代表各種自然現象或動態，分別為「天、地、水、火、雷、風、山、澤」可稱為八象，因為八卦又可以說是人們最容易看到的八種現象。

衍生：

三國時諸葛亮創設的一種陣法。相傳諸葛孔明禦敵時以亂石堆成石陣，按遁甲分成休、生、傷、杜、景、死、驚、開八門，變化萬端。諸葛亮的八卦陣在「夷陵之戰」時最為出名。

劉備為了報孫權殺關羽之仇，傾蜀漢全國之力征伐東吳，結果夾江七百里下寨，被東吳軍都督「陸遜」一火燒連營大破蜀軍，劉備落單倉皇而退。而陸遜也乘勝追擊，在追擊的路上，就遇到了「八卦陣」。

當陸遜追擊到江邊時，只見江畔豎有幾堆亂石。看似隨意擺放的樣子，但陸遜卻感覺到其暗藏殺氣。由於追趕劉備必須經過這八卦陣，陸遜遂親自率兵進入陣中，不料陣中頓時飛沙走石，各種暗器飛射，東吳士兵們死傷無數。陸遜大驚之下急喊退兵，但這「八卦陣」一旦進入，就很難輕易出去了，陸遜帶著驚恐的士兵們左沖右撞，還是沒有衝出去。

正當陸遜手足無措之際，忽有一老丈翩然出現。此人自稱是諸葛亮的岳父黃承彥，他和陸遜說自己是受諸葛亮託付，來營救陸遜的，並言：「將軍不識此八卦陣，錯從死門入陣，老朽來引將軍從生門出」。原來這八卦陣是「入生門則生，入死門則死」，陸遜就是不知情錯走了死門。黃秉承說明來意之後，陸遜忙作揖道謝，帶著殘兵敗將跟在黃承彥身後走，最後方才尋到生門、逃出生天。

三國演義第一百回：

司馬懿：「今孔明所布之陣，按休、生、傷、杜、景、死、驚、開八門。汝三人可從正東生門打入，往西南休門殺出，復從正北開門殺入：此陣可破。

這些都表示「八卦」在各方面都有「方位」的問題。

換個角度如果以這個角度來看，當我們建造特殊建築物時，如果不懂原理，又自己覺得「復古時尚」時，或者異想天開，我看過以「八卦為體」的建物、「逆八卦的建物」、「六角建物」如果沒考慮清楚，設計處理的不好，也許就有機會成為值得討論的議題。

靈界通道

自從正式執業看風水以後，因為客人都覺得我很神準，加上各大平面電子媒體經常邀約我接受採訪或錄製節目，因此很快就名聲遠播，不僅在全台灣，甚至國外也開始有客人找我去看風水。

風水這門學問本來就是實務重於理論，無論書本看得再怎麼滾瓜爛熟，沒有配合豐富的現場實際堪輿，真的難以達到精通的境界。再加上我對於各種新事物本來就勇於嘗試，因此只要是時間允許，無論大城小鎮我幾乎來者不拒，就是為了哪一天可以遇到自己從未見過的場面或狀況。

因此執業不過幾年，我可以說是已經走遍大江南北。也經常參加各地舉辦的風水命理相關活動與展覽，在這些活動場合，自然也免不了有許多粉絲慕名前來，要求簽名、合照，或是當場請我看風水。不過一般來說因為時程都排得緊湊，因此通常會請他們打電話到辦公室預約，而沒有辦法當場去他們家看風水。

鬼飯店旁的透天厝

在一個高雄的展覽會場裡，那次一樣有許多人排隊找我簽名、合照。其中有一個大概三十多歲的女生，她在請我簽名之後，就突然問我，老師我可以請你到我們家看風水嗎？

一般來說這種時候我通常會請助理給她名片，並請她在上班時間打電話預約，但那一天我看到這女生，就覺得她本身的氣場很不同，她本身散發的氣場可說是相當不錯，面相上也看得出是個心地善良的人。但不知何故，身上卻籠罩著一種不太好的氣場，我感覺事有蹊蹺，便請助理看能不能想辦法幫她排出一個時間，好可以去她家看風水，因為當天還有行程，於是助理便跟她約了隔天一早的時間。

第二天早上大約十點多的時候，她就專程坐計程車來接我們，在車上我們聊了一下，但奇怪的是，一般客人此時都會開始問許多有關家裡風水的事情，但這位女生卻始終都只是在聊一些輕鬆的話題。

車開了十幾分鐘後，我遠遠看到一棟大樓，雖然距離還很遠，但我就感覺氣場不太尋常，於是我就問那女生，她說那是一間飯店。我點點頭說，我這樣問是因為我感覺那間飯店非常陰森，甚至可以說是鬼氣沖天。

本來還在談天說笑的女生，突然臉色變得嚴肅起來，她認真地向我確認：「老師我想請問一下，您是說那間飯店鬼氣沖天？」我回答說對啊，那家飯店裡面應該有很多好兄弟。

女生有點驚訝，她又問：「這樣就看得出來？」我說對啊。她此時便說：「老師，其實我就住在那間飯店的旁邊。」

我聽到這句話的當下，便大概知道她身上一直籠罩著一種不太好的氣場的可能原因。但因為還沒實際看到房子，不好武斷下定論，因此便先安慰她，有問題的是那棟大樓，但是對周邊的住家來說，不見得一定都會受影響，所以妳先不要太擔心。那女生聽了，露出一個有點複雜的表情，接著之後幾分鐘的路程，就沒有再說什麼。

車子終於到她家樓下，女生住的地方，是一棟四層樓的透天厝，我們下車以後，我請她先稍等一下，就先在樓下用羅盤量了方位，以便得知她家的座向。

為什麼要在樓下量方位，而不是到她家裡面才量呢？那是因為現代建築物多是以鋼筋水泥建成，有些較高的大樓則是鋼骨加上鋼筋水泥，因此若是在住家裡面測量的話，可能磁場會受到這些金屬結構的干擾，導致測量不準確。

而我除了測量座向與各種方位以外，最重要的也是要看看她家的方位是不是造成她現在氣場出問題的原因之一。

鬼魂來去自如的鬼屋

測量好了以後，我們便開始逐層看風水，才從她家大門走進去，就看到她家樓梯間有水緩緩地流下來。我看著那水流，便問她家裡有人在洗地板嗎？女生口氣很平常地說，沒有，沒有在洗地板。

我聽了心裡覺得奇怪，一般住家內不太可能會出現的狀況，女生卻一副司空見慣的樣子。我心裡又想到，難道是水管破掉，才導致漏水？總之女生既然沒說什麼，我也不好再追問。

等我們看完一樓，開始往上爬到二樓的時候，當時差不多快接近中午，外面可說是風和日麗，陽光很大。而等我們看完二樓，奇怪的事情發生了，我們在往三樓邊看邊講解時，天突然就一邊變黑，變化的速度非常快，窗外的景觀已經不是用黑來形容，應該說是一片烏黑。而等我們講到四樓時，外面已經開始狂風暴雨，風吹得非常強，簡直跟颱風有得比。

就在整棟樓都看完後，我就跟那女生說，我必須跟妳講一件事，那就是房子後面這道牆的地方，它是一個靈界的通道，有很多好兄弟透過她這面牆壁進進出出。

女生聽了便跟我說，她家這面牆的後方，就是剛剛講的那間飯店。

我聽了以後，心裡浮出很多想法，但我一時之間也不想多說，就簡單跟她說我們先下樓，我再跟妳講。

於是我們就從四樓經過三樓走到二樓，此時神奇的事情又發生了，當我們在四樓時，外面還一直在狂風暴雨，而等我們走到三樓時，外面的風雨竟然就戛然而止，這可能是我這麼多年來，極少數遇到天氣變化如此劇烈的一次。

到了二樓時，屋外已經開始放晴，陽光衝出烏雲，一道陽光照耀而下。我就問女生，妳搬來以後是不是常常生病，而且都難治好？女生聽了點點頭，她說對啊，我們家自從搬來以後，全家人就常常生病，一直吃藥，就算只是小感冒也不容易好，只能一直拖著，而且就算好了，通常也很快就會再生病。

我就跟女生說，這房子因為後面是一個靈界通道的關係，好兄弟經常通過此處進進出出，因此房子整體來說自然會比較陰。

其實一般來說，好兄弟如果沒有前世的債，無冤無仇，沒有要抓交替，也沒有人特意去挑釁他的話，一般來說是不太會故意害人的。是因為那邊有個靈界通道的關係，他們才會通過此處進進出出。

但是如果換一個觀點來看，人的身體有體溫、有心跳，是溫熱的，但因為靈體是沒有溫度的，因此碰到好兄弟時就像被冰水潑到一樣，感覺比較敏銳的人，就有可能會打冷戰，或是起雞皮疙瘩，甚至頭痛想吐。

女生全家人住在這裡，也不過就幾個人，然而每天進出這條靈異通道的好兄弟，就不知道有多少，也就是等於少少的幾杯溫水，不斷地靠在幾十杯冰水旁邊，因此甚至不需要把冰水到入溫水，溫水沒有多久自然就會變冷。也就是說，一個人如果一直處在「低溫」的地方，體溫會不斷下降，體溫越低的人，就越容易生病，甚至喪失知覺。

這也就是為什麼古代強調「陰」、「陽」，人是活在陽間，而靈魂則是在陰間，陰陽除了不能結合以外，甚至不能長期在一起。雖然靈體不是真的想害陽世間的人，但因為能量不斷流失，對人來說始終是會造成不好的後果。

也因為這個關係，所以這女生全家搬進來以後，身體健康狀況開始越來越差，導致不斷地生病，家人整體運勢逐漸低落，家運也跟著衰退。

像是進門時看到的，有水沿著樓梯流下，以風水角度來看，水代表「財水」，水沿著樓梯流下，象徵「財水外流」，對女生家來說，是很明顯的漏財象徵，也是家中風水偏陰的現象，古人說：「孤陽不生，孤陰不長。」而陰冷到家中反潮的房子，健康又怎麼會好？

從科學上來說，明明外面出大太陽，家中卻有來源不明的水在流動，代表住家可能有結構性的漏水、反潮，或是水管破裂等問題，無論何種情況，長期下來對居住品質、身體健康跟房屋結構也會有不良影響。而且住家長期出現潮濕的狀態，暗示家中濕氣很重，接著引發的過度潮濕、壁癌，對於居住者的健康來說也是一大隱憂。

靈體的力量

接著我問女生，難道她不知道這房子有問題嗎？她說買的時候本來也不知道，但是搬進來以後，發現家中經常出現奇怪的事情，加上家人跟自己身體健康的問題，就跑去問了左右鄰居，但大家都說很正常、沒問題。

我就跟女生說，鄰居的想法有時候是這樣子的，住離妳家近的，當然不願意告訴妳實情，因為如果現在跟妳講這房子是鬼屋，那我就在隔壁耶，我以後房子還要賣嗎？而住越遠的鄰居，就越有可能說實話，因為離得越遠，各方面影響自然越小。

女生接著跟我說，她後來越來越覺得有問題，便開始四處尋找原因，後來有鄰居告訴她，這個房子真的有問題。她因為長期看我的節目，看得越多，就越覺得我非常神準，每次講到委託人家中的問題，次次都正確命中，使得她非常佩服，同時她也確定他們家是有問題的，所以當女生一知道我來高雄，就馬上邀請我看風水。

此時我就好奇問她，既然她知道住家環境有問題，那為什麼不賣掉或搬走？女生便說，她覺得既然知道這間房子是有問題的，那如果把它賣給別人，可能買家搬進來後也會遇到一樣的問題，這等於是害到人家，因此她並沒有考慮賣掉。但如果沒有賣掉，以她們家來說也沒有能力搬出去住，因此始終還是住在這裡。

我聽到這裡就覺得這女生一家人實在是非常善良，這也跟我在會場上看到她的第一印象相符合，而且她提到的確實是個兩難的問題。我此時也在想，要盡我的能力盡可能幫她化解這個問題。

才剛想到這裡正要開口，女生突然迸出一句話：「老師，那我們是不是要把他們趕出去？」

聽到這句話的瞬間，我心裡馬上想：「糟了！」

我們所站的前方有一張桌子，上面有一個大花瓶，裡面插著花也裝了水，那花瓶加上水的重量，一般來說如果不是用力去推，應該是推不動的。結果就在女生講完那句話不到零點幾秒鐘的時間，就在我們兩個面前直接飛出去，飛了一段距離之後，才掉到地上破掉。

那一瞬間，女生大氣都不敢出一口，等確定沒有下一步動靜之後，我才慢慢跟女生說：「妳不能在這裡講這種話，我們出去講。」女生聽了，勉強擠出一個「好」字。

其實好兄弟因為是人往生之後變的，所以很多地方像是個性都跟人差不多，有些人個性溫和，比較不容易因為別人講的話而突然生氣。但有一些就是很容易情緒激動，只要別人講錯一句，不管有心無意，他都可能突然被激怒，然後產生很大的反應，像是聽到女生講了「趕走」兩個字，便氣得把桌上的花瓶整個打飛出去。

這也就是為什麼我稍早在四樓那個靈異通道前，沒有跟女生多講什麼的原因，在那個「人來人往」的場所，不管講什麼都要十分小心，畢竟「眾怒難犯」，雖然我本身有辦法處理，但這女生天天住在這裡，卻可以說是毫無防備能力。

我們進一步從靈學的觀點來看，「靈體」從以淺淺的一團靈光現身，到能隱約現出一個模糊的人形，一直到能清楚地顯現外形，還能隨心所欲改變樣貌，甚至移動東西。這每一階段都要經過一定時間的「修行」，而且同時他的「能量」也要達到一定的強度，兩者配合才能達到這種境界。

對於陽世間的人來說，要把一個超重的花瓶打飛出去，已經很困難了，頂多就是遠近的差別。但對於靈體來說，他一開始可能只能看到這個花瓶，但什麼也不能做，就算伸手去摸花瓶，可能也會穿透過去。一直到可以勉強移動這個花瓶，再到可以把花瓶用力打飛，這同樣也是需要一定的強度才辦得到。

而那個花瓶可以飛得如此遠，這可以說是當時我看過能夠移動物品的靈體裡面，能量最大的一組，那間房屋也可以算是在我當時人生經驗中，難得一見的狀況。

那女生基於善心，選擇不要將房屋賣掉，對於這點我當然很敬佩，因此也幫助她，讓她可以盡量「迴避」這個問題，將影響減到最小。另外也教她如何化解住家其它的風水煞氣問題。

測量住家方位的小秘密

使用羅盤測量方位的的時候，必需儘量在屋子的外面測量。

因為現代建築物多是以鋼筋水泥建成，有些較高的大樓則是鋼骨加上鋼筋水泥，因此若是在住家裡面測量的話，很容易磁場會受到這些金屬結構的干擾，導致測量不準確另外電器用品或其他因素也有可能導致測量產生的誤差，例如：輻射鋼筋、大型電器設備、公共設施變電箱，都有可能產生影響，我曾經遇過的案例：室內、室外相差接近四十五度，甚至「反經石」測量南變北，直接反向180度。

室外的電線、變電箱、地下的設施都會干擾。

另外當房子裡面真的有好兄弟的時候，羅盤是真的會抖動的。

撞鬼八字

深夜的五分埔，已經接近打烊時間，路上的人潮漸漸散去。朱小姐跟先生兩人，拎著宵夜，穿過窄小的巷子，正在前往我的服務處，要聽我分析八字。

準備打烊的店家，忙著將外頭一落一落的衣服往屋子裡搬，打在街道上的燈陸續熄滅，原本亮晃晃的街道一下子冷清了起來，只剩下幾個已經拉了鐵門的老闆，坐在路旁的機車上吞雲吐霧。

兩人轉過一個巷子，前方路上已經空蕩蕩，沒個人影，但朱小姐走著走著卻感覺一個黑影迎面而來，想要閃避卻已經來不及，黑影直接撞上她，「啊！」的尖叫一聲，頭便開始發暈。「又來了！」她心裡暗叫不妙，又撞到鬼了，還沒來得及抓住一旁的老公，雙腿已經整個發軟……

命中注定的撞鬼體質內文

其實這已經不是朱小姐第一次撞鬼了。本身具有敏感體質的她，之前已經有過好幾次經驗，真的就是撞到人的感覺。走在路上突然感覺到黑影正面而來，想閃也來不及，然後就只能撞上去。而每回撞到之後，總是頭暈得厲害，有時還需要人攙扶，才能找到地方坐下來休息。

有一次朱小姐要到我五分埔的辦公室找我排八字，以前是從公園那頭走過來，那邊店家非常密集，她走到某條巷子裡時，就撞到了。當下朱小姐的頭暈到不行，到了我辦公室裡聽我講解時，看起來還是精神不濟的樣子，我看她不太對勁，就問她剛剛是不是有經過什麼地方？她說從公園那邊走過來的某條巷子，我就跟朱小姐說那邊有一個地縛靈，因為她的八字比較特別，才會去撞到。

在了解朱小姐的狀況之後，我就請她配戴一串琉璃手珠，並且點香作法。在我作法之後，朱小姐的頭暈立即消失。由於手珠具有辟邪護體的作用，從那天開始，好兄弟就再也沒有辦法近身，朱小姐才終於能安心地在路上走路。

這樣特殊的體質，過去對朱小姐帶來相當多的不便，甚至一度讓她自暴自棄。在朱小姐出國工作之前，她的爸爸已經中風了，在他第二次中風的時候，朱小姐的姐姐怕身在異國的她擔心，就沒有跟朱小姐說。

但是朱小姐卻在睡覺時夢到了這件事，夢醒以後她半信半疑，打了電話回去確認，沒想到真的是這樣。過了幾天，朱小姐又夢到媽媽也住院，沒多久又夢到大弟小弟紛紛住院，結果每一個夢都在現實中發生了。朱小姐有一度非常自責，覺得自己很「帶賽」，情緒非常低落。

等朱小姐回台灣以後，二姐特別囑咐她一定要找時間先來找我聊聊，朱小姐跟我說了作夢成真的狀況，我又看了一次朱小姐的八字後便跟她說，其實不用這樣想，那是因為她前世有修行，所以才會很多事情她都能先感應到，並不是因為她夢到後才導致事情發生，這之間的因果關係是不一樣的。

命中註定也可以被改變？

朱小姐最初找我排八字的時候，我推算到朱小姐將會出國長住一段時間。當時連國內線飛機都沒坐過的朱小姐，跟先生都沒有出國的計畫，準確地說，是根本想都沒想過。對於我的批示，還常忍不住私底下笑說：「怎麼可能，別鬧了！」

可是半年後，朱小姐一家竟真的遠渡重洋，因為先生的事業遷居到印尼去了。這讓朱小姐一家對我分析八字的功力，感到佩服不已。

不過更讓朱小姐覺得神準的是，當時我除了預言她會移居海外，更進一步分析了她的命格，那便是「出國當女王，國內當女傭。」

果不其然，朱小姐到了印尼後的生活，就如同女王一般尊貴，公司派遣三個傭人照料起居，從早上一起床，就有傭人進來打掃房間，一整家人每天換下的衣物也有專人刷洗晾曬，出門更有司機接送。可以說除了在家中跟逛街以外，根本沒有走路過。

除了家人的伙食，因為口味的關係，朱小姐一定親自準備之外，其他的事情都有傭人處理。可是在台灣，全部的事情都是朱小姐自己做，雖然不是負擔不起傭人，但可能因為比較熟悉台灣環境的關係，就不會有要請傭人的想法。

為何對朱小姐來說，國內國外的生活，會有這麼大的差別？其實那是因為就八字上來說，有一些人的命格就是要「過水」比較好，也就是一般說的「出國格」，到了國外以後，事業比較有發展，或者生活會過得會比較好。

不過，朱小姐也不是一開始就對我的功力完全信服。當初心存質疑的朱小姐，甚至還拿過幾個親友的名字請我分析，想藉此測試我的功力。結果無論試了幾個名字，我都能就健康、事業、桃花等各方面，做出神準的斷言，甚至說出真的只有親戚才知道的事，從此她才對我不再懷疑。

在認識我這麼長的時間裡，朱小姐也在各方面體驗到了我的功力，除了八字之外，風水上的判斷，也讓朱小姐十分驚奇。

我去朱小姐家看風水的時候，那時我們已經很熟了。我一到現場看到他們家的樣子，還開玩笑說連羅盤都不想開，因為整個格局實在太爛了。

當時一進到朱小姐家，就發現有一個很明顯的「穿堂煞」，除了前門直通後門之外，兩者之間還有一道活動門，這形成了「三門通」，漏財的效果較一般穿堂煞更為嚴重。

此外，在房屋的後面還有一個「小人探頭」的外煞。我指出小人探頭家中容易遭竊，而朱小姐家的格局更容易導致「人在前廳坐，後堂卻遭竊」的情形。

當時一聽到我這樣說，她立即點頭如搗蒜，跟我說家裡遭過兩次小偷。最嚴重的那一次是公婆帶她女兒出國玩。她則帶著兒子回娘家住。結果鄰居打電話給她，問她是不是有回家？朱小姐說沒有，鄰居就說看到朱小姐家裡面燈亮著，她一聽就知道不妙了。

當她趕回家看到家裡的情形，只能以慘狀兩字形容。家裡不僅被翻得翻天覆地，更恐怖的是小偷囂張躺在她的床上喝飲料。放在家裡的金子整盒被拿走之外，包括家裡多年收藏的許多洋酒也全部被偷走，損失相當慘重。

此外，朱小姐家裡還有冰箱對瓦斯爐的情形，這在風水上稱作「水火沖」，而因為水火無情，又叫「無情沖」，容易引起爛桃花、外遇，造成婚姻感情的不順。不過後來朱小姐一家人舉家遷移到印尼，房子脫手以後，原本不好的風水格局，也就不再影響他們。

但到了印尼的朱小姐也發現，我的風水理論不管時空，都能夠適用。當時她在印尼有一個台灣人朋友家裡有一個房間，平常大家都在那裡打麻將，他的家裡有外遇的問題，而且不管誰去住，只要住超過一段時間，都會沾上桃色糾紛。

後來她就根據自家的經驗舉一反三，想到是不是風水的問題，仔細觀察及詢問之下，才發現那個房間裡面還有一個房間藏在旁邊，就是我所說的「房中房」，也是容易造成外遇的風水格局。

對朱小姐來說，陽宅、八字的影響，對照起她過去的人生際遇，不管是自己或是其他人，都準確得讓她印象深刻。但相對地，改名字所帶來的內心與運途的轉折，對她個人來說，那種轉變可說是點滴在心頭。

一開始是朱小姐的二姐寫朱小姐的名字給我看，我跟她說這個人常常會想不開。二姐跟我說，朱小姐當時真的是這樣，常常會很衝動地想要自殺，有一次甚至真的在樓上準備往下跳，就差一點點而已。

後來朱小姐認識我以後，決定改名字。改了以後這些年來，無論是觀念、想法都改變了，連老公也覺得她變堅強了。以前朱小姐非常軟弱，被某些人欺負、虐待，都會忍氣吞聲。但現在可以不理會任何無理的要求，改名字對她來說真的是最大最大的改變。

朱小姐的先生後來也改了名字，不過這是因為當中發生了許多波折。他原本是很鐵齒的人，我幫朱小姐改名的時候，雖然也有幫他取了新名字，可是他並不是非常相信而沒有去改。

那時候朱小姐一家在印尼大概生活了十年，後來到大陸兩年，最後為了小孩教育的關係，朱小姐一家決定辭掉工作回來台灣，一開始也是很不順。

當時夫妻倆有幾百萬的現金存款，也有自己的房子，還生了兩個小孩，外人看來好像是很成功的夫妻，但其實他們自己知道，兩個人的心裡都不是很踏實，相處起來摩擦很多。

有一回又是重複不知道多少次的爭吵後，朱小姐真的覺得很累了，就跟她老公說，她不想用孩子還有十幾年的感情綁住他。

朱小姐跟老公說，她來找我看八字時，我有說他們的夫妻宮帶空亡，非常不利感情，除此之外，名字中也有影響婚姻的不利因素。她說她覺得他們夫妻倆現在的情形很難走下去，如果老公還要這段感情，不管相不相信命理，是不是至少可以先做一點改變？

當下，朱小姐的老公並沒有回應。隔天一早起床，老公就不見人影，對於兩人感情感到無力的朱小姐心中有了最壞的打算。但當天下午，卻看到老公開門返家，看到朱小姐第一句話就說：「老婆，我去改好名字了。」

朱小姐當下真的欣慰地哭了，而因為有這樣的改變，十多年過去了，兩人不僅維持著好感情，這一切還在加溫中。

延命七星燈的驚人功效

除了朱小姐親身見證過，她的親朋好友也都因為認識了我，而受到很大的幫忙，人生有了不同的際遇。當時人還在印尼的朱小姐，只要回國都一定會到我的服務處探望我跟同事們，並幫忙整理各種事務。

朱小姐來我這裡幫忙的同時，也不斷地在見證奇蹟，其中「延命七星燈」的效果，是最令她感到神奇的。

延命七星燈的本體為油燈，必須要有法力的法師才能祈禳點燈，每次延命成功，最多可以多獲十二年的壽命。不過若被延命者沒有廣積「福田」或「福份」，則北斗星並不會應允延命的要求。相對地若是延命成功，則必須時時維持延命燈點亮，避免被延命者受到影響，而延命燈中火焰的大小穩定與否，以及燈油的色澤與清澈變化，也反映了被延命者目前的生命狀態。此外，被延命者多做善事、多積陰德，也能使延命七星燈的效力加強。

朱小姐照顧辦公室的延命七星燈多年，看過許多原本相當嚴重的狀況，在點燈之後，竟然就神奇地好轉。但其實她本身在很久以前，就已經親身體驗過延命七星燈的神奇功效。

有一年，朱小姐的媽媽緊急住院，原因是急性的肺積水併發心臟衰竭，救護車送到醫院的時候其實已經休克了，而且休克的時間大概有十分鐘之久，醫生預估如果醒來也是植物人。

那時候朱小姐人在印尼，家裡人打電話跟她說，因為很嚴重，需要她趕緊回台灣，所以她很快地買機票、打包，準備立刻回台灣。結果隔天一早正要出門前往機場時，接到台灣來的電話跟她說，媽媽醒了，奇蹟式地醒過來，連醫生都沒有辦法解釋。她姐後來才知道前一天我有幫她的媽媽點燈，進行延壽。這就是朱小姐第一次感受到延命七星燈的神奇之處。

一般來說我其實不太輕易幫人點燈，要點延命七星燈，通常都是用在很緊急的時候。令她印象比較深刻的，是民國九十五年，有一名婦人發生車禍，昏迷指數三，情況非常危急。家人著急地拜託我幫她點燈，點燈雖然可以產生延命的效果，但狀況一開始也是很不樂觀。

那個燈盤每天都沈得很厲害，燈盤上滿滿的油。一般如果生命跡象很微弱，燈盤就會很沈，而且都會是滿滿的油，這時我們會整理燈心，看是不是可以讓火旺盛一點，讓她早一點好起來。

有一天早上朱小姐突然跑來請我去看燈盤，原來是她突然發現燈盤竟然浮上來了，而且那個盤面呈現漂亮的光澤，我們趕緊跑去看新聞，果然當天的新聞就說發生車禍的婦人甦醒了。

朱小姐常常在我的服務處幫忙，見證著我為更多的人解惑，也總是接到來自客人的感謝電話，收到許多人的感謝信件，訴說著我為他們扭轉人生機運的故事。

延命七星燈

民俗上用來延壽續命的法術科儀，七星燈座上有三官(天官、地官、水官)與七星(貪狼、巨門、祿存、文曲、廉貞、武曲、破軍)，同時也代表人的三魂七魄，由於民間認為「北斗註死、南斗註生」，因此人死後魂魄會回歸北斗，同時其人所代表的星斗會隕落，因此使用「七星燈」照亮北斗，可使人元辰光采，添壽延命。

諸葛亮、劉伯溫在歷史上都有使用「延命七星燈」的故事存在；三國時期的諸葛亮因為魏延的衝入踢翻七星燈，而導致施術失敗；明朝劉伯溫則是因為施術延壽成功而增壽十二年。

豔鬼纏身

疲憊不已的小陳拖著沈重的腳步回家，一癱倒在沙發上，立即陷入沉沉的睡夢中。

夢裡，他來到一個陌生的地方，四周充滿了人，有一群穿著鮮豔紗麗的印度女人，圍著熊熊的火堆，忘我地起舞著。朦朧中，一個盛裝打扮的印度女人走向他，這個印度女人如此美麗妖饒，小陳心中一陣雀躍，不由自主地將手伸向她。

小陳被帶入人群中，身邊圍繞著美艷的女孩，小陳興奮不已，忘我地舞著。但當他再度睜開眼的時候，卻只見一群膚色深黑的人，咧著嘴邪惡地笑著，一邊伸長了手向他聚攏過來，他們扯著他的衣服，掐著他的脖子，小陳拼命掙扎，人卻越聚越多，他尖叫不出聲，掐在他脖子上的手越來越緊，他不能呼吸，就快要窒息……

突然「啊！」的一聲驚叫，小陳猛然自床上坐起，環顧著亮晃晃的客廳，才意識到剛剛那聲驚叫聲是自己發出來的，「又是一個惡夢……」小陳疲累不堪地倒回沙發，下意識地點上一根煙，這已經是今天晚上第四度的驚醒，小陳看看牆上的時鐘，距離進入家門到現在，短短不到一個小時的時間，他就已經連續被惡夢驚醒四次。

小陳坐在沙發上，身體十分疲累，但卻怎樣都沒有辦法入睡，準確來說，是不敢入睡。他怕闔上眼之後，惡夢又將鋪天蓋地而來。小陳把電視打開，準備等天亮之後再闔上眼。

實際上，今天這種情形，也不是第一次發生。小陳仔細回想，這一切似乎都是從新加坡出差回來後才開始的。一向不信鬼神，十分鐵齒的小陳，此刻也不禁恐懼起來。

出差後的怪異行徑

小陳是一間公司拍攝團隊的攝影助理，該拍攝團隊接受王總的邀請，去新加坡幫一位五星級酒店的大廚製作一本料理書。拍攝作業直接在酒店裡進行，由於製作的時間相當緊迫，工作團隊一進駐酒店，便開始為期一週不眠不休的工作。製作期間工作團隊幾乎都沒有離開那個酒店，連續七天都在酒店裡，一直到最後一天拍攝工作完畢後，因為進度還不錯，距離回程還有半天的時間，所以王總決定讓所有工作人員出去逛逛玩玩。

一心期盼能好好遊覽異國風光的小陳，因為負責陪同攝影師夫婦，便邀了攝影師夫婦一起出外逛逛，三人決定前往新加坡最具特色的「小印度區」，準備好好體驗異國風情。

新加坡的「小印度區」，是印度人在新加坡的主要聚居地，是新加坡著名的觀光景點，不僅是許多當地人採買物品的地方，更是許多國外遊客必定造訪的聖地。。小陳與攝影師夫婦搭著計程車來到這個具有濃厚南亞風情的地方，一下車，空氣中特殊的香料味，以及濃濃的花香，令三人心中頓時感受到濃厚的異國情調，心情也愉悅起來，遊興大增。

小陳三人造訪了印度神廟，採買了許多特殊的印度紀念品，攝影師夫婦也順便買了一些將來能用在攝影棚拍攝時的裝飾物品，更品嚐了風味獨特的印度美食。

在吃完飯之後，距離回程還有一點時間，小陳就跟攝影師夫婦約好了會合時間，便兵分二路各自遊玩，一方面是不要一直當人家的電燈泡，二方面是小陳孤家寡人已久，在吃吃喝喝之餘，對於旅途中的豔遇，自然有所期待。

於是小陳沒有目的地，淨往人多的地方鑽，最後終於讓他給搭訕到一個印度女孩子，聊了會天，還一起拍了照片。眼看時間也差不多要到了，便心滿意足的去跟攝影師夫婦會合。

回飯店後，大夥收拾裝備與行李，順利結束了這次的出差之旅。回程的飛機上，小陳不忘跟大家炫耀他搭訕的對象，大家也隨之起鬨。

回到台灣之後，王總讓大家直接回家休息，準備隔日進入緊鑼密鼓的後製工作階段。

回台之後隔日，小陳一如往常，一大早就進辦公室，吃完了早餐，準備開始工作時，卻只見他對著電腦剪接機，時而發呆，時而左右張望，感覺想要開口卻始終沒說出話。這樣一坐，竟然就坐了一兩個小時，這不尋常的舉動終於引起了同事的注意。

發現小陳異狀的副理前往詢問發生了什麼事。小陳一臉困惑，面有難色地說：「糟糕……我發現我忘記怎麼操作了……」忘記了？這個小陳在搞什麼鬼？副理納悶著，小陳是公司裡剪接的第一把交椅，他現在說他忘記怎麼操作了？

副理望著小陳，小陳囁嚅地說：「我也知道這是剪接機，上面的字我也看得懂，可是我就是想不起來要怎麼操作，腦袋一片空白。」

副理仔細端詳小陳，從小陳的反應看來也不像是裝的。「會不會是失憶症？」但一般說起「失憶症」，好像是會忘記短期內的事情，技能操作應該不至於也忘記……副理心裡直覺不太對勁，那麼多天密集的工作，確實也可能有身體不適的情形產生，而小陳現在的樣子看起來，也無法勉強他工作。副理於是決定先讓小陳回家休息。

接下來的兩三天，小陳的狀況並沒有好轉。他每天上班都準時到公司，但面對機器卻是完全無從下手，公司裡其他會剪接的同事，不斷提示小陳各種剪接作法，還說了小陳以前是如何教他們剪接，希望喚起他的回憶，但仍徒勞無功。而且後來大家才發現，小陳不止忘記怎麼剪接，連怎麼錄影他也都忘了。平常慣用的那台攝影機擺在他面前，也只能呆呆望著，完全不知道該按什麼鍵。

王總跟副理、副總討論後，就在猜想會不會是去新加坡工作時在小印度區煞到。因為前幾天大家都在一起工作，只有最後一天有自由行，而且全團的人都沒有問題，就連跟他一起去小印度區的攝影師夫婦也都沒什麼異狀。該不是最後一刻小陳獨自逛街的時候，發生了什麼事？公司的同事看見小陳宛如癡呆的模樣，直覺事情並不單純，有特別敏銳的同事，曾經建議小陳去找一間廟拜拜。不過小陳一向不信鬼神之說，對於同事的建議都予以回絕了。

既然小陳不願意接受，副理也只能告訴小陳，這幾天就先幫著同事做一些事情，如果有任何情形，一定要說出來，大家一起想辦法解決。

過了幾天副理正好有事要與我碰面，心裡惦記著小陳狀況的他，臨出門前還問小陳要不要一起來找我，讓我看看他目前的狀況究竟是怎麼一回事，到底只是精神上的問題，還是真有不可知的因素。不過，小陳仍然一口回絕，副理也不想勉強他，於是便獨自前來我的服務處。

當晚，約莫十二點左右，正事已經談完，副理正在跟我講小陳這幾天來的事情，講到差不多時，他手機突然響起，一看，竟剛好是小陳。副理接起來，我依稀聽到小陳很不舒服，又加上恐懼的聲音，整個人聽起來焦慮又激動。

只聽到副理在電話中不斷要小陳冷靜，過了幾分鐘以後掛斷電話，副理跟我說，小陳跟說他沒辦法睡覺，幾乎每十五分鐘就會被一個很恐怖的惡夢驚醒，每天每夜一直循環，他很激動地說他快瘋了。

小陳說從新加坡回來到現在一直是這樣，他都沒有辦法睡覺，但是因為他其實是不信鬼魂、靈異這些事情的，覺得一定是因為出差太累了，所以一直都沒有跟大家講他的這個狀況。但今天晚上小陳真的已經接近崩潰邊緣，抵不住心中的恐懼，便撥打了這通求救電話。

副理轉述完之後，便憂心地詢問我是不是可以幫忙看看小陳的情形？我聽完，二話不說，便要副理直接打電話請小陳過來。

小陳不敢自己開車，叫了計程車到我的研究中心。進到服務處之後，我只是看了小陳一眼，沒有講話，接著閉起眼睛，沒多久，我睜開眼睛，請副理陪小陳在客廳坐一下，然後我就進到辦公室裡面去。

我大概進去十幾分鐘，出來之後就跟小陳說，好啦沒事了，回去睡一覺，起床後就沒事了。

小陳的表情半信半疑，好像有好多問題想問，但我既然都已經這麼說了，再加上他也已經疲憊不堪，所以一時之間也沒再說什麼。我看了副理一眼，他點點頭後就站起身，然後把小陳從椅子上扶起來，兩人便離開研究中心。

與女鬼的異國戀

副理過幾天跟我說，就在那晚來過研究中心之後，隔天小陳如常地準時進公司上班，但看起來完全不一樣了，一脫過去幾天的癡傻樣貌，整個人神清氣爽、精神奕奕，看他飛快熟練地操作著剪接機，簡直就是脫胎換骨，又應該說是回復原狀？辦公室所有人都察覺到小陳的改變，不禁好奇地想知道，這一切究竟是怎麼回事？

小陳飛快地趕進度，在中午休息的空檔時，他跟副總說昨晚回去之後，竟然一覺到天亮。再也沒有做惡夢，一覺起來後，之前昏昏沈沈的情形也完全消失了。不過他還是有點擔心之前的狀況會再次發生。

後來又過了幾天，小陳一直都很正常，也終於趕上落後的進度。副理每天看小陳的表現，就知道前幾天困擾著小陳的事情，一定再也沒有發生過。

小陳後來跟副總說，他後來雖然恢復正常，但心裡還是非常納悶的，因為不信靈異的他，完全沒辦法解釋這一段時間的空白，究竟是怎麼回事？因為他也沒有生病，什麼都沒有。

有過這次的經歷後，讓一向不信鬼神之事的小陳也不得不改觀，以往自己嗤之以鼻的所謂靈異之事的確是存在著的，當然在此同時小陳與副理除了覺得非常神奇之外，更是佩服不已。

實際上，當晚處理完這件事，小陳自行回家之後，副理便抵不住好奇心，向我詢問整起事件的原委。我跟副理說，我當晚看到一個深色皮膚的女鬼跟著小陳。但因為研究中心的門口有擺放法器，因此一般的好兄弟進不來。副理聽了好奇，又問說那女鬼樣貌長怎樣？我說還蠻像印象中的馬來人或印度人。接著副理還要再多問的時候，我就跟他說不要問了。

小陳為什麼會被異國女鬼纏上？而女鬼又為何要千里迢迢的跟著小陳回到台灣？一般來說，比較容易被纏上的有兩種人：第一種就是太皮，不懂得尊重的人。越是這樣好兄弟就越容易纏上你。第二種就是不信邪的人，有的人常常會講他不相信這些，言語態度間，無意之中常常透露出不屑和挑釁的態度，或是我從來都不相信「靈」的存在，反正也看不到。懷著這樣心態的人，碰到一般的靈時，它並不會和你計較，但是一旦碰上惡念很強的靈時，就容易惹上麻煩。而小陳剛好就是這種不信邪的人。

就像一個在馬路邊狂言的男子，常常出言挑釁其他人，通常一般人會把他當成瘋子，不理他就算了。但是一旦遇到「兄弟」時，很難保證不會出事，在靈界也是一樣的。

再來，小陳因為一直懷著想要碰到豔遇的這種念頭，也會在無形中吸引好兄弟。心裡如果一直想著要有豔遇，那就很有可能會作春夢，腦中一直想著這些事情，腦波散發的都是這些意念，就有可能吸引到有同樣想法的好兄弟。再加上如果當時的運勢比較低，那麼你的念頭可能就不是跟人接上，而是很容易跟好兄弟接上。

如果跟人接上，那就有可能會有外地的豔遇，但如果跟鬼接上，就會變成像小陳這樣，被豔鬼纏身，不過像這樣導致失神的狀況，老實說算是比較輕微的。

所以，磁場相吸，人的念頭所散發出來的意念，會影響跟我們相互接近的磁場，還可能吸引附近的靈體。就像那天小陳離開研究中心後，我為什麼會制止副理一直問下去，因為如果我當時跟副總詳細地描述了那個女鬼的樣貌，那麼副理腦海中就會有女鬼的形象，這麼一來，她的磁場就有一定的機率會跟女鬼接上，那麼雖然女鬼已經離開小陳，但可能因為後續副理再和小陳詳細敘述時，又再一次引起小陳一直想那個女鬼的長相，不知情的靈，說不定以為小陳還在思念著它……

通常我們在跟好兄弟談判或溝通的時候，不希望我們旁邊的人受到影響或波及。所以現場立即制止他再問下去，是有絕對的必要性。

副理後來還問我，是不是精通各國語言，不然為什麼可以跟外國的鬼魂溝通？我聽了笑說，平常語言不通的人要互相溝通，可以靠眼神、手勢、或是一些擬聲詞作交流，而跟好兄弟靠的則是意念。像有時候我到國外演講，晚上住飯店時，有時候也是會遇到床位被佔的狀況，通常也是只要打個手勢，它通常就會讓出位置了。

容易被鬼纏上的兩種人

一、不懂得和靈界互相尊重的人。

二、態度輕蔑、挑釁、不信邪的人。

以上兩種人若是遇到惡念較深的鬼，就很有可能惹上麻煩。

好兄弟是人往生之後，脫離肉體只剩靈體的稱呼，因此往往保留有生前的態度，而民俗上常說「死人直」，我們對於討人厭的人都有可能會生氣，甚至有些人會給予教訓，當然好兄弟也是一樣；所以遇到脾氣好的人，也許不會和你計較，但是遇到脾氣不好的人就難說了，因此用輕蔑、挑釁、不尊重的態度，那就像是在盲測一樣，很難保證會遇上什麼樣的狀況。

一旦產生渴望豔遇的念頭……

磁場相吸，我們所散發出的意念會影響周身附近的磁場，也有可能會吸引「靈」，如果在運勢相對較好的狀態下，可能就會發生豔遇。但相對地，如果是處在運勢較差的情況下，所散發出的豔遇意念，就有可能會和鬼魂對接上，進而被豔鬼纏身。輕微的現象如文中小陳失神失意，較嚴重的後果不堪設想。

女鬼找新郎之一

夕陽下山之後，王翔的身體像有定時一般，準時的發起高燒。高燒帶來的畏寒、頭痛、痠痛、急促的呼吸，諸多的不適讓王翔陷入一陣恍惚中。

在半睡半醒中，王翔勉力一個翻身，迷迷糊糊地睜開眼睛，卻突然看見床邊站了一個陌生的女孩，還正對自己笑著。王翔本能地閉上眼，想確認是否是自己眼花，再次睜開眼睛，卻看見這個女孩已經變得頭髮散亂，身上沾滿塵土，被長髮遮蓋住的臉，隱約看得出半邊的血肉模糊，血也滴了下來……

王翔想要往後退，卻發現身體無法動彈，喉嚨裡發不出半點聲響，王翔越來越緊張，而那個女人，卻慢慢地彎下腰來。

女人越來越靠近，王翔聞到了血的味道，他害怕地閉上眼，卻聽到溫柔的話語……

突如其來的絕症？

王翔的母親站在病房外，遠遠望著病床上那個骨瘦如材的兒子，自從上次從南投旅遊回來後，已經持續反覆高燒超過一個月了，讓原本健壯的兒子，在這短短的時間裡，竟成了這副骨瘦如柴的模樣，想到可能是自己哪裡照顧不好，讓兒子病成這樣，王翔的母親忍不住一陣鼻酸。

這次來到基隆地區最大的醫療院所，在這之前已經不知道走訪了幾家診所、醫院，醫生對於這樣一到固定時間就發燒，時間到了又自然退燒的狀況，也束手無策，只能承諾家屬會再做更縝密的檢查，除此之外別無他法。

有一天王翔的母親突然想到，兒子莫非是人家講的，沾到不乾淨的東西？於是她趕緊拿出手機，聯絡自己的弟妹，也就是這次的委託人王總。

王翔的母親跟王總說，王翔很奇怪，大約一個月前開始發燒，原本小診所的醫師們都以為是感冒，但治療過後都沒有好轉，就這樣大概拖了一、兩個禮拜。後來實在沒辦法，就轉到比較大的醫院做檢查，那時候到基隆省立醫院，可是病情不但沒有好轉，還持續惡化。

王翔通常都是黃昏的時候開始發燒，每天反覆，整個人一直瘦、一直瘦，短短不到一個月的時間，就瘦了十幾公斤。

由於基隆長庚一直查不出病因，且病人的狀況越來越差，醫生不得已，只得建議病人家屬趕緊轉到台北市更大的醫療院所，進行更精密的檢查。就是在那時候，王翔的母親想到要向王總求助。

通完電話以後，基於醫生的建議，王翔再度被轉院，到了台北榮總。王總因為跟我熟識，在王翔進榮總的同時，也十萬火急地打了電話向我求助。

我聽了大致的情形之後，就跟王總要了病人的名字、生辰，醫院病房及病床的號碼。結束下電話以後就先進行了必要的處理。

處理完畢以後，我便打電話給王總，跟她說我已經處理好了，沒問題，病會好起來，就這樣子，不用擔心。

王翔轉到榮總之後，醫生表示必須要住院一個禮拜，做詳細的檢查。當時醫生在住院的隔天，對於王翔的病做了一個初步的判定，說非常有可能是淋巴癌。淋巴癌是很嚴重的癌症，臨床上死亡率很高，而且惡化速度非常快。

王翔的母親一聽差點昏倒，就很著急地又打電話給王總，王總跟王翔的母親說已經有打電話給我，我這邊已經進行處理，應該會沒事，過兩天就會有進一步的通知。

王總因為王翔的母親實在太過著急，便趕快問我有什麼程序是他們可以先進行的，我看王總這麼急，就讓她先過來我這拿一些東西，好讓她回去做一個處理儀式。儀式主要需要的是特別處理過的清淨符，還有一些物品。我讓王總回去她姪子的住處，另外在病床旁邊也灑一灑，再把身體擦一擦，並且讓王翔喝下去。還需要設立一個結界，讓不好的東西離遠他，如此一來病情就會有所好轉。

在儀式進行之後，令王翔的媽媽跟王總很吃驚的是，王翔的病情竟然穩定下來了。王總後來跟我說，在做這個儀式之前，其實她姪子的狀況很不好，已經無法進食，一天一天地瘦下去，每天反覆發燒，可是處理完之後非常神奇，隔天早上王翔就可以下床了，那天下午過後，就開始吃一些流質的東西，整個人都在慢慢恢復。王總對於當時姪子奇蹟似地復原，至今仍然感到相當不可思議。

王總問我，為什麼處理完之後，就能讓王翔的病情有一百八十度的轉變，這其中究竟有什麼玄機？我簡單解釋道，主要只是讓不好的東西沒有辦法靠近他。

舉個例子來說，陰陽之間就像有一杯冰水跟一杯熱水，當我把冰水跟熱水靠在一起的時候，即使並沒有將水倒過去，可是熱水的溫度一定會一直傳遞到冰水裡面，冰水的溫度雖然因為吸取了熱而上升，但熱水的溫度卻也會下降不少。

以磁場來說也是這樣，人就像是一杯熱水，而鬼是冰水。為什麼一般人會說靈喜歡吸人身上的氣？其實並不是它想吸，而是當它靠在人旁邊時，人身上的陽氣就會自然而然地傳給鬼，人的氣就會不自覺地流失。一個人的能量如果不斷地在流失，體溫就會降低，運勢也會跟著變差，逐漸降到最低，整個人就會越來越虛弱。

所以使用清淨符能防止靈再靠近他，當他們越離越遠，他所流失的能量就會減少，病情就會慢慢的好轉。

女鬼找新郎之二

女鬼的目標

那天之後，王翔的病情好轉得相當神速，檢查報告都還沒有出來，王翔已經恢復到幾乎快跟正常人一樣了，除了飲食逐漸正常之外，上廁所什麼的也都可以自己來，甚至已經嚷著要出院。除了不可思議之外，醫生實在沒有辦法做出解釋。

王翔大概住院第五天就跟正常人沒什麼兩樣了，比預期的七天以上要早很多，王翔的母親幫王翔問醫生能不能出院，醫生看了檢驗報告，想了想便點頭答應。

醫院在王翔出院幾天後打電話來告知王翔的切片檢查結果，一切正常，並沒有異狀，當然也沒有醫生最初判斷的淋巴癌的問題。

其實王翔的母親跟王總一直有問我王翔發病的原因，一開始我並不太願意講，只跟她們稍微提了一下，說可能是有一個女的跟著他。

這方面我們一般不太願意多講，主要是怕別人擔心，如果現在狀況最緊急的時候，跟王翔家人講，他旁邊有個鬼跟著他，聽完他們家哪一個人睡得著？而對於被跟著人，也會造成更大的驚恐，進而影響病情。

後來一切都結束，王翔也恢復健康以後，我才跟王總講，那時王翔身邊跟著的，是一個原本住在南投集集的女孩子，在九二一大地震時不幸過世，因為剛好看到前去集集玩的王翔，便對他一見鍾情。因為女孩子本身沒有結婚，就想要找一個男人嫁了，還在王翔的夢中，和王翔談了一場戀愛，雖然王翔在現實中完全沒有關於這個夢的記憶，但是這個女鬼卻是異常認真，不管如何就是要帶王翔走。

中華傳統文化一般認為「嫁雞隨雞，嫁狗隨狗」。民俗上來說有結婚的女孩子，以後就會有人祭拜，沒結婚的話好像總是少了點什麼，所以很多往生的未婚女性靈魂，就會想要找尋一個歸宿，通常如果沒有特別的情況，只要做「冥婚」處理即可。

像這個案例中，那女孩子也不是因為冤仇所以要把王翔弄死，反而只是想著如果這樣，她跟王翔就可以在一起，甚至可以結婚。不過就像民間認為的，鬼的個性比較直，鬼並不會想到，這樣的結果，最後反而會對王翔跟他的家人造成傷害。

我在處理時是直接跟那女孩子溝通，告訴它人鬼殊途，想在一起是不可能的，請她離開，並且願意幫她超渡。當然後來她也就同意，所以事情便順利解決。

但是如果碰到對方也很強硬的狀態，絲毫沒有談判的空間，那我就會採取比較激烈的方式，或是請示神明，請神明來仲裁處理，將靈強制送回該去的地方。

人鬼頻率

為什麼同樣出門玩，有些人能安然回家，有些人卻可能遇到跟王翔一樣被靈體跟的狀況？那是因為我們人就跟電腦一樣，身體是硬體，靈魂就是軟體，我們常講磁場頻率，只有磁場頻率相接近才能相互感應，你的體質跟它的體質容易感應，那就是你們的頻率相接近。

就像是收音機的頻道有AM、FM，如果你是AM的人，你就永遠接不到FM的頻率，反過來說也一樣。但有的人不是，他們的天線超強，AM、FM同時都可以收到，像這樣的人就是我們一般說的靈媒。

還有另種狀況，就是突然感應到的情形，地方的磁場太亂，導致本來收不到訊息的人，卻突然接收到那個訊息。或者在某一個情況下，或剛好運勢處於比較低下的狀態時，也可能會遇到這種狀況。

最常聽到的就是有的人去旅行住在飯店，突然看到鬼，而且不是一個人看到，是很多人都看到，那就是當地的磁場頻率干擾所造成的。

另外當我們人一直放空到很低的時候，頻率也容易跟好兄弟接上。因為我們的頻率比較高，它們的頻率比較低。就像狗笛，當我吹奏狗笛時，一般人類都聽不到聲音，但是狗在很遠的地方就會聽到，然後很快地跑過來。這就是為什麼老人家常說晚上或者去特殊地方不能吹口哨，因為口哨的頻率，跟好兄弟們的頻率相近，所以吹口哨對它們來說，就等於是你在吸引它們過來。

而有些時候是人自己釋放出頻率，像是在路上看到死亡車禍，如果腦中一直回想，不僅越想印象越深刻，你的頻率也會跟它一直拉近、一直接近。這個靈本來不想找你，但到最後都不得不來找你。

如果真的不小心目睹這類事件，最好的方式就是當作沒看到，當作不知道趕快離開現場，也不要說一些不適當的話，這些事情就比較不會跟上你了。

所以出門的時候，如果看到墓碑上有未婚人或是小孩的照片，千萬要記住不能說什麼「好可惜啊！」、「好可憐啊！」、「長得好漂亮！」之類的話，總之不要亂講話，以免引來好兄弟。

登山或旅遊途中經過墓地時……

眼睛不要亂看、亂想，也不要亂說話，尤其不要同情、可憐或批評。

走訪墓地或殯儀館時……

事先準備紅包袋裝粗鹽、海鹽，同時可以尋找榕樹葉、芙蓉或茉草葉等，摘七片葉子放在上衣口袋，可以有驅凶避邪的作用。，帶在身上有驅邪潔淨的效果。

夜半訪親

凌晨三點，林老闆的滷味攤剛剛打烊，夫婦兩人卸下一天的疲憊，與前來吃滷味的我，在店裡泡茶、閒聊著，享受一天難得的悠閒時光。

突然之間，體質敏感的林老闆感覺周圍的磁場開始騷動起來，像是有什麼東西闖進來一般。他看了一下太太，太太正左張右望，露出十分不自在的表情。林老闆將目光轉向我，只見我凝神看著門口，彷彿有什麼人在那一樣。三個人都不說話了，原本熱鬧的場面瞬間沈默下來。

林老闆的感覺越來越強烈，他忍不住出聲問我，我點點頭說：「有一個個子小小的女孩子，大約廿多歲……」

一旁的林太太聽到我的描述，馬上眼眶泛紅，眼淚立刻掉了下來……

離世前的種種巧合？

民國八十五年七月二十五日這天的凌晨四、五點，天尚未破曉，擔任梅林新娘會館化妝師的梅詩已經起床，正忙碌地作準備。

天天接送梅詩上下班的老公，這時睜著惺忪的睡眼，呆坐在床上，雖然一早就有新娘要化妝，但梅詩起得也太早了。看著老婆對著衣櫃翻翻找找，衣服試了一套又一套。心裡狐疑著，平常總是不太在意穿著的老婆，今天是怎麼了？

過了許久，好不容易挑出了一套穿上，梅詩轉頭過來，露出燦爛的微笑，問老公：「這套好看嗎？」老公點點頭，心想挑到了就好。他也就趕緊起床梳洗，準備送梅詩去上班。

一路上夫妻倆有說有笑，只是兩人都沒有想到，這段短短的通勤時間，竟然是他們夫妻最後相聚的時光。

到了公司門口，平常熱衷工作的梅詩總是很快就跑進公司，開始努力工作。可是這天，梅詩卻一反常態，不斷地在門口跟老公說話，最後要進入新娘會館時，還依依不捨地頻頻回頭望向老公。當時老公心裡覺得怪怪的，但沒有多想，也只是向她揮揮手道別，目送她走進公司就離開了，沒想到的是……這竟然是夫妻倆之間的最後一眼。

上午十點多，突如其來的一場大火，襲擊了梅林新娘會館。為了美觀而完全封閉的玻璃帷幕，加上螺旋梯造成的煙囪效應，沒多久室內便充滿了煙霧。而頂樓不僅沒有逃生設備，連唯一一扇安全門的門閂，都因為防盜的關係用鐵絲纏住，根本推不開。於是在短短的幾分鐘之內，無情的大火便奪走了五條人命，而梅詩正是其中之一。

當時人在印尼的胡小姐，也就是梅詩老公的三姐，一早就感覺整個心頭煩悶，像被什麼重物壓住，令人無法喘息，她的心裡隱隱有一種不祥的預感。總覺得好像有什麼事情要發生一樣。

那天從一早起床開始到下午，胡小姐感覺越來越不對，一直覺得不知道是不是哪裡或誰發生了什麼事，但印尼那邊並沒有什麼狀況。所以胡小姐就想說還是打電話回去台灣看看，如果沒事就當作是打電話報個平安也好。

胡小姐鼓起勇氣打電話回去，接電話的是胡小姐的妹妹，他在電話那頭說她們剛從殯儀館回家，梅詩出事了。後來胡小姐在國外的電視上看到新聞報導，透過電視機，看到故鄉的媽媽跟弟弟抱頭痛哭，讓遠在國外的她也頓時崩潰。

胡小姐當下只想馬上回台灣，把印尼的事務草草處理到一個段落，便趕緊搭機回國，回國後她才知道梅詩出事前，其實發生了許多不尋常的事情。

在出事的前一天晚上，胡小姐家的公媽爐發爐。民間認為，公媽爐發爐經常預示著家裡將有大事發生。但令人不解的是，梅詩為何要在半夜無故燒香？這樣異常的行為又代表什麼？

在民俗上來說，有一些人在要出事之前其實是會有感應的，但是他們不知道那是什麼意思，所以會出現很多不尋常的舉動，像是特別依依不捨，或者說出平常不會說的話，最常聽到的就是告別或類似交代遺言的情形，如果無故聽到這類的話語，都要特別注意。

胡小姐一家人在處理梅詩的後事時，也有意外的發現，梅詩當天早上翻翻找找了好一陣子，最後終於挑選上的那一套衣服，竟然就是她遺照上的那一套。

梅詩的老公說，當天梅詩試了很多套衣服，最後選的那一套衣服，那張是她的證件照，因為當時要去泰國玩，需要辦護照，所以才拍了那張證件照。

胡小姐後來跟我說，她們以前有認識一個佛堂的師父，當時他看到那張證件照時，就覺得很不祥，覺得那張照片給人一種遺照的感覺。因為那張照片出現了遺照容易出現的「虎眼」，看著照片，會讓人覺得照片中的人真的在看你。

梅詩雖然在婚紗攝影公司工作，本身卻不太喜歡拍照，也沒有什麼正式的照片，最後胡小姐一家人還是決定用這張照片當她的遺照。種種的跡象，都暗示著梅詩的意外往生，似乎早就有一些奇怪的徵兆。

從八字看透生命軌跡

胡小姐一家是我大概十年前的客人。梅詩走的時候，胡小姐一家還沒認識我。一開始是胡小姐的二姐先找我去看風水，後來因為覺得我真的非常準，就先後把家族裡的人通通找來給我排八字。

當時因為胡小姐的二姐覺得我算得很準，所以特別喜歡找我測字、看名字，經常拿一些親人的名字來請我看。胡小姐的二姐一開始是拿她公公的名字來給我看，我看到名字就說，他的身體應該有需要長期醫治的地方。事實上真的是這樣，他還沒中年就得糖尿病。可是我又說如果他的兒子都很孝順，那他其實可以活得很久。

這一點後來獲得印證，胡小姐二姐的公公罹患糖尿病整整五十年才走，但生前卻都沒有洗過一次腎，而且小孩都很孝順，他每天都過著好日子。

但其實在當時，胡小姐心裡對我的功力還沒有百分之百的相信。所以她想來想去，竟然就寫了梅詩的姓名和八字請我看。沒有想到我一看就說，這個名字的人應該不在了吧。這話說完胡小姐筆都拿不穩而掉在桌上。

我不僅說出梅詩不在的事實，更精確地說出梅詩出事的時間點，完全符合的狀況，自此胡小姐完全地信服我。

我還說了，梅詩這個名字在廿七歲的時候會有一個大劫，而且這個女孩子有可能會遭受火災。胡小姐跟我說，她記得梅詩是在生日過後沒幾天走的，當時正是廿七歲，完全符合我說的時間。她後來轉述給家裡人聽，每個人都驚訝不已。其實，我不僅準確地算出梅詩不在人世的事實，更親眼看見梅詩回來探望親人。

有一次，胡小姐的二姐邀我去她們的店裡看風水，突然間我一邊說話，一邊緊盯著大門口。胡小姐的二姐夫突然問我是不是看到了什麼？我點點頭。之前胡小姐的二姐夫就有提過，他本身體質比較敏感，如果有不一樣的東西經過他的身邊時，他能感覺到磁場有異樣。但二姐夫只能感覺到有人，並沒辦法實際看到。而我是完全可以看到的。

就在那時候，一陣焦味撲鼻而來，連胡小姐的二姐都趕緊去檢查是不是忘了關火，她一回來發現二姐夫的神情不太對勁，就知道可能發生了什麼事。等焦味消失後，我才跟夫妻倆人描述我剛剛看到的狀況。有一個看起來大約二十多歲的女孩子，身高一百五十幾公分左右，從外面走進來看了一下，從外觀看來，很像是因為火災而喪生的。

聽完我的描述，夫妻倆頓時肅然，因為我口中所描述的女孩，不管身高、年齡與樣貌，都跟因為梅林婚紗大火而去世的梅詩完全吻合。胡小姐的二姐壓抑不住，淚又流了下來。

之後胡小姐的店，和她二姐的店便一路生意興隆，而我與她們家族也成了很好的朋友。

「出事」前的徵兆

在發生大事前，有些當事人能有所感應，會出現一些不尋常的舉動。例如：做出一些平時不會做的事、對人特別依依不捨，或是在突然說一些道別、交代後事的話語，這時候都要特別注意。

博愛活動

今天是一個非常晴朗的星期天，非常適合進行室外活動，身為學校博愛社社長的我，一大早就抵達學校，準備好各項團康器材後，便帶領社員去學校附近的廣慈博愛院。今天的活動除了表演才藝與娛樂節目外，也會跟院童玩團體遊戲，之後則會跟老先生老太太聊天話家常，幫忙處理一些雜務，結束充實的一天。

表演的節目中，有一段是我配合音樂表演的國術，表演到一半時，我突然看到離觀眾席稍遠的地方，有一張熟悉的臉孔，那是一位患有嚴重水腦症的院童，院方曾跟我們說，醫生診斷結果，認為他這輩子都只能躺在床上，甚至可以說是命在旦夕，但至於何時會死亡，是難以預料的。

我看著之前無論是說話還是做事都很遲緩的他，這會兒卻興奮地又叫又跳。我心裡知道，那位病童終於不用再忍受水腦症帶來的痛苦了。

博愛社社長的使命

擔任學校博愛社的社長，是在我剛進入學校不久後，就已經被決定好的事。當時剛進學校沒幾個禮拜，我就接連報名參加好幾個比賽，而且都有得名，因此在學校中可以說已經小有名氣，那時的博愛社社長，就已經注意到我的存在，後來看著我的表現越來越好，就下定決心一定要找我接任。

事實上當時不只一個社團想要找我入社，而說實在的我對有些社團也真的蠻有興趣。但大概是因為我國中時曾經因為生病而住院過一段期間，在那段期間我看到許多病患，有些病患像我，從頭到尾有親人的陪伴，雖然身體上因為傷病而感到痛苦，但心理上還是可以得到慰藉。不過有些病患親人不在身邊，甚至已經沒有親人，看到他們空虛且寂寞的眼神與表情，使得我也常感到非常難過。

再加上其實我從國中就跟啟聰學校的學生有密切地來往，還因此練就了熟練的手語。我很了解病痛、傷殘、失怙、鰥寡的人，他們其實是非常需要其他人的陪伴、支持與鼓勵的。當時社會上想要關心他們的人其實也非常多，但很多人根本沒有接觸的管道。

在我國高中的那個年代，我想很多人都買過愛盲鉛筆、防癆紀念票吧，但除了這少少幾樣以外，應該很少聽說過其他可以幫助殘障人士的活動或管道。不像現在透過政府、媒體、便利商店，甚至是手機APP，都有許多讓民眾發揮愛心捐款或提供物資的管道。

我在進入學校前，早就對於服務社會的愛心活動有著豐富的經驗，並因此充滿各種想法。在進入學校後，剛好因為各項比賽表現優異的關係，被指定擔任博愛社社長，這對我來說就像是水到渠成，如虎添翼之事。

在被指定擔任下屆社長之後，我就開始跟著現任社長實習，開始參加博愛社的各種活動，並瞭解社團常去的單位，以及到每個單位時都會做些什麼。每次活動結束之後，我都會跟社長提很多想法，他聽了很高興，經常花時間跟我討論，也向我傳授了很多我以前沒有遇過的實務經驗。他常對我說當初果然沒有看錯人，希望我不僅在學校，更能在將來出社會後，將博愛社的精神繼續發揚光大。

那時除了維持以往每週固定的活動以外，從我開始接任以後，還加入了許多新的活動，使得我校博愛社的表現突破一成不變的窠臼，使許多人耳目一新，連其他學校的博愛社都會在我們辦活動時前來取經。

我們每週都會到各地的慈善機構活動，對象包括老人與殘胞，以養老院來說的話，就是表演各種節目給老先生老太太們看，或是準備午餐跟他們一起吃。用餐過程中會一邊聊天，其實很多老人們的煩惱是沒有人陪伴，因此我們光是陪他們聊天，他們就會非常開心。尤其像我們通常同一家養老院不會只去一次，因此都會特別去記住他們的名字或稱呼方式，如果下次去能夠一開始就叫出他們的名字，他們更是會開心的不得了。

而以育幼院來說，除了孤兒外，最多的還是因為得到一些難以治癒的病症而進來的兒童。像是水腦症兒童，有些患者的頭可能比身體還大，有些根本是一輩子都只能在床上或是輪椅上，不然就是行動遲緩或是智能不足。而令人嘆息的是，這些小孩中有很多其實沒辦法活太久。

當時因為沒有健保的關係，因此像這些注定需要長期醫療及照護的小孩，有些家長根本可以說是無力負擔，因此只好狠下心棄養。

但除此之外，也有無病無傷，身體健全，但從小就被送來育幼院的小孩，他們的背後可能是一個個無奈的故事，甚至可以說是悲劇，這些孩子的問題往往並不在外表，而是心理上會出現很大的缺憾。

不管是孤兒還是病童，他們都各有各的背景，但反映出來的個性卻不盡相同，有些依然保持樂觀開朗，積極努力；而有些則可能選擇自我封閉退縮，或是乾脆怨天尤人。想要完全瞭解並解決他們的狀況，對於我們這些可以說是半個小孩的學生來說，有時候其實是很大的挑戰。但這通常也就是我們對於博愛社活動如此投入的原因。

我的弟弟因為小時候的一場意外，受傷而導致腦神經萎縮，我從很小就開始照顧他，因此我知道這些孩子比平常人需要更多全方位的關照，但偏偏他們往往可能得到比正常孩子還不如的對待。

剛開始獨力辦活動時，見到有些老人或小孩的遭遇，讓我非常不忍，有時則是十分難過或非常生氣，覺得社會實在很不公平，他們不應該受到這樣的待遇，但我卻不能在大家表現出來。

前社長跟我說過，身為社長，第一要務就是要能穩住社團的軍心，如果遇到社員各種情緒失控時，社長一定要能想辦法安撫，使他們穩定，因此社長自己絕不能失控，否則社團本身整體情緒不穩，反而會對我們活動的對象，也就是老人與小孩們，帶來更大的壓力。

充滿愛與付出的成就

接任社長沒多久，我對社務推動已經可以說是駕輕就熟。在社團中也培養出幾位得力助手，因此我便開始推動很早就想進行的新型態愛心運動。

因為其實我很早就知道，光靠我們一個博愛社這樣每週辦活動，效果可說非常有限，就算我們社員再怎麼努力，也比不上一般人也能加入活動要來的有效。因此我開始推動一些全校性的活動。其中最多人參加，效果也最好的就是「一人一週一元認養」活動。

因為對那時的一般學生來說，一人一週只要捐一元，這種非常容易達到的事，完全打破了他們以往對於「慈善活動」的成見，「慈善活動」並不需要捐大錢，而是從生活中的開支省下一小點，就能輕易達成。

「一人一週一元認養」因為很容易實行與推廣，因此募捐效果非常大，而且最重要的是，因為負擔不大，所以對很多人來說是很容易持續進行的舉動。像是我們學校學生當時有幾千人來說，一個月有時最多可以募得上萬元的款項，以當年來說是非常大的數字。長期且穩定的募捐成效，也使得當年我所帶領的博愛社，有能力認養高達十八位「家扶中心」的小孩，連許多資深的社工人員都很佩服。

由於博愛社的成績斐然，因此也鼓勵了許多學生的加入，社員人數達到前所未有的新高，我跟前任社長報告時，他還嚇了一大跳，感覺非常的高興。我們社團的表現受到外界許多人的關注，甚至連張小燕所主持，當年收視率極高的「綜藝一百」中的「溫暖」單元都曾特別報導。而我個人也因為在博愛社表現優異，獲頒「台北東區獅子會善行模範生」的殊榮。

在成功活動的背後，總是有許多人默默的付出。在我擔任博愛社社長的那段期間，偶爾會有社員跑來跟我說想要退社，而我通常都會詢問為什麼想要退社，除了一些是基於個人或家庭因素，少部分是想要改參加別的社團以外，其實很大部分是因為心理壓力承受不住。

因為我們活動的對象多半是老人與傷殘人士，因此有時會上次去拜訪時，還開心的聊天，而這次去拜訪時，人就已經因為陽壽已盡，或是病症加重，因而不幸往生的狀況，只剩下他的椅子或床空空盪盪地擺在那邊。這對於社員來說，往往是難以承受的打擊，因此有些社員會情緒低落，甚至是痛哭流涕。

我除了盡力安慰，其實說實在也不能做什麼，畢竟人生的悲歡離合，是每個人遲早會遇到之事，以我們博愛社來說，年紀輕輕就親身目睹經歷，對有些人來說是真的會在心理上造成一定程度的打擊。

社員也經常問我，如何排解這種悲傷的情緒，其實我有時候很難對他們說出實情，因為對我來說，比起一般人看到的空椅或空床，很多時候我看見的，其實是他們仍然坐在椅子上，或躺在床上，甚至早就已經下床走路，走到我們身邊來打著招呼，發現我們沒有看著他時，甚至會拍拍我們的手臂，用期望的眼神，繼續的看著我們。

此時的老人與小孩們，因為擺脫了長久的病痛與煩惱，因此看起來都很開心，尤其看到我這個之前就很關心他們的人，竟然能看得見他們，他們更是顯得驚喜莫名。頻頻找我聊天說話，因此我有時也不避諱地，就直接對著他們打招呼或回話，而在其他人看起來，我也許就像是一個思念過度的人，正在跟空床或空椅子說話。

因為身體的苦痛已經消失，心裡的煩惱也已經消散，老人與小孩們更能享受我們博愛社帶來的表演，也更能開心地放聲大笑，或是沒有痛楚地拍手鼓掌，而不再受到身體或病況的限制。

謝沅瑾老師在校刊上的博愛社活動報導，攝影寫作全部一手包辦。

卷

參

被觸怒的
好兄弟

檔案編號 003

索命怪石之一

陷入嚴重昏迷的董事長，突然睜大眼睛，一旁的夫人以為董事長清醒了，連忙過去輕輕叫著他的名字，但董事長的視線卻穿過夫人望向後頭的虛空，激動地喊著：「你們這麼多人，我一個人怎麼有辦法幫你們解決這個問題，我的石頭都是很珍貴的，都是我從世界各地挖來的，你們人數太多，我沒有辦法幫你們處理……」語畢，旋即又陷入昏迷。

而在一旁的夫人環顧四周，空蕩蕩的房間，哪裡有人的影子？想到這裡，一股不祥的預感湧上心頭，讓她不禁毛骨悚然……

命在旦夕的怪病

國內某知名〇〇中心董事長，某一天突因急病送醫，病情惡化相當快速，卻遲遲查不出病因，眼看生命跡象越來越微弱的董事長，醫生只得發出病危通知，請家屬做好心理準備。董事長太太見醫生束手無策，自己當然也毫無辦法，於是趕快打給與董事長相熟的王總。王總那時人正在南部出差，突然接到董事長太太的電話，又突然告訴她董事長現在的狀況危急，躺在醫院加護病房裡面。王總一時之間慌了手腳。掛上電話之後，稍微鎮定下來以後，想了沒有多久，便馬上撥了電話向我求助。

還記得那天我剛好在烏來看風水，接到電話那時已經蠻晚的，大概是晚上六七點吧，當時看了一天風水正和家人在吃當天第一餐。接到王總的電話，得知消息後也嚇了一跳，那位董事長我也是認識的，之前還曾到董事長家中幫忙看過風水。董事長還因為太驚訝，為什麼看風水，能夠知道那麼多事情？包括有些只有他自己才知道，完全沒有和別人說過的事情，為此特別又再一次請我去吃飯、聊天。

所以當王總跟我說董事長現在在加護病房，而且已經快不行了，問我能不能幫忙看一下時，我當時也不顧飯還沒吃完，匆匆結了帳就準備驅車回台北。

我在電話中問了王總，董事長在什麼醫院、哪一間病房。電話一放下我就閉起眼睛開始到那邊去查看。不過因為董事長的家人相當著急，千拜託、萬拜託，請我一定要幫忙，因此我還是親自到醫院去了一趟，好讓他們放心。

當時在南部出差的王總，由於擔心董事長的情況，一得空就趕緊撥打電話給我，想要確認董事長的情形。

我那時看到董事長腦裡面有出現一顆一顆像水泡一樣的東西，裡面還有一些液體。我跟王總說，董事長的問題確實很難處理，因為好兄弟真的非常多，數量相當驚人。

於是王總便直接將我說的情況告訴董事長夫人，董事長夫人又緊張地趕快把狀況告訴主治醫生，誰知道醫生卻驚訝地告訴董事長夫人：「趕快請老師來！」

當我趕到醫院的時候，果然就是如我在山上所見的景象，整個病房的周圍聚集了非常多的好兄弟，至少有上百個。我讓我太太跟家人先在醫院門口等，因為在那樣的狀況下，好兄弟雖然沒有辦法近我的身，為了避免麻煩，我當然也不希望好兄弟認為可以纏住其他人，再藉機跟我談條件，要我幫忙東幫忙西，因為在那樣人命關天的場合，不希望發生會分心的事。所以我就請家人們不要上去。

當我走進病房裡面，它們全都在虎視眈眈地等待著。而且我發現「人數」比我在山上看到時又多了一些，顯然好兄弟不僅數量多，而且還在持續增加中。好兄弟數量之多，讓經歷過許多大場面的我也不禁皺起眉頭。憂心忡忡的董事長夫人手足無措，只是一直拜託我，務必要想辦法拯救董事長的生命。

而我也坦白跟王總說，就算順利處理，讓董事長順利活下去，有些部分也沒有辦法完全恢復，因為董事長腦部的記憶有一些已經受到影響，以後有一些事情會記不起來。雖然董事長的生命我會盡量保住，但是這次事件帶來的影響，已經造成腦部的損壞，這是任何力量都沒有辦法使之痊癒的了。

我當時一直強調的就是，那個部分要完全恢復的機會非常低，就像是手指斷掉了可以接回去，可是要恢復成原來那樣精準、靈活，基本上是不太可能的，因為神經等等都斷了。表面的傷都可以恢復，而一旦傷到神經這種，就不太可能完全復原。董事長的情形，就是這個樣子。

我後來就問王總，之前到底發生過什麼事情？王總仔細回想了一會兒，就猜想應該是之前跟董事長去雪山隧道的時候發生的。

惹禍上身的雪隧之行

大約在一個星期以前，董事長、王總還有王總公司的副總，跟一個兩岸著名的特異功能人士，曾經一起去了一趟雪隧。當時一行人未曾想過，這樣一段短短的旅程，竟然差點要了董事長的命，且最後對他造成了難以抹滅的影響。

他們之所以會去雪隧，是因為那位對岸的特異功能人士，認為台灣的龍脈在雪隧附近，但是可能已經在雪隧開發的過程中被破壞掉了，因此他想去觀察一下雪隧附近龍脈風水的變化。

正好當時董事長也希望能更加深入認識這個特異功能的人士，董事長本身的興趣是收集石頭，家中有許多各式各樣的石頭，其中不乏特殊的石頭，他心想或許他們在這方面可以有合作的機會，於是希望王總幫忙安排，進而促成了這次的見面。

當這位特異功能人士表示想去雪隧時，董事長就自告奮勇地說要開車載他去。原本這次的出行王總因為有事是無法參與的，但是董事長希望王總能同行，好在路上順便促成這個合作案，所以王總就帶了公司的副總一同前往。

王總一行四個人，由董事長開車直奔雪隧。當時的天氣並不是十分穩定，接近雪隧的時候還飄起毛毛細雨。就在車子進入雪隧後，不知道走了幾公里時，忽然特異功能人士開口要求董事長在前方的一個緊急停車彎暫時停車。

當車子在緊急停車彎裡停下來之後，特異功能人士就下車，開始進行感應、吸收靈氣。他說那一帶是磁場最強的地方，還說下車後他有特別為車子做了防護罩。不過事後證明，這個防護罩根本沒用。

進行感應的時候，眾人都沒有感到任何的異樣，一切都跟平常一樣自然，因此當特異功能人士感應完畢，上車坐定之後，一行人便又繼續聊天如常，直到出了雪山隧道。

出了雪隧之後，董事長一行人在高速公路上的某個路肩也停留了一下，因為特異功能人士認為那邊也有一個磁場。於是董事長一樣停車讓他在那裡又進行了一次感應。

當兩個地方都感應完成之後，特異功能人士覺得他已經知道了龍脈變化的情形，所以一行人就直接驅車回台北，當天董事長還請大家吃飯。吃完飯開心散場的幾人，不知道他們今天在雪隧中，已經鑄下了一件不可挽回的錯誤。

當時回到台北的一行人，分手之後，便又各自為自己的事業忙碌。一切似乎都沒有異樣。可是誰知道冥冥中，因為感應所召喚的眾鬼，卻已經悄悄聚集，鎖定其中最容易侵擾的董事長，並且準備對他下手了。

董事長夫人說，在雪隧之行結束當天回家之後，董事長就已經開始感到身體不舒服了。一開始覺得像小感冒，因為董事長在去雪隧之前，剛做完膽的手術不久，身體虛弱，所以董事長跟董事長夫人也都認為這可能是後遺症的一種，當時也找了醫生，但醫生也看不出個所以然，其中還有一個醫生判斷應該是感冒，雖然有治療，可是病情不但完全沒有好轉，反而還一直惡化下去，接著董事長就突然昏迷倒地。

經過了許多的診斷與治療，董事長的病情都找不出病灶，而且惡化得非常快速。此時董事長夫人開始覺得不對勁，覺得事件不像表面看起來那麼簡單，連參與治療的醫師群中，也已經有人私下討論，覺得這個病情的異常發展，已經不是醫學可以解釋的了。於是才會告訴董事長夫人，這已經不是醫學上能夠處理的情況，趕快找一個能夠幫忙的老師來處理。

兩天之後，董事長做了更複雜的檢查後，醫師群終於做出判斷，雖然不可置信，但董事長應該是得到一種稱為做「皰疹性腦炎」的症狀，而且情況已經相當危急。

所謂的皰疹性腦炎，是一種由皰疹病毒所感染的腦炎，剛開始可能會有頭痛、發燒、全身無力、嘔吐等症狀，因此容易被誤診為感冒。但這種病的恐怖之處，是病情可以在幾天內快速惡化到意識不清、半身癱瘓、言語障礙或記憶障礙等，而且死亡率高達百分之七十。

董事長夫人在聽到醫生的解說以後，就覺得這狀況就跟我當時一到醫院的時候講的一模一樣，所以就覺得十分神奇。於是便和醫生說起那天我一來時說的情況，以及接下來半年、一年之後董事長可能會出現的情況，醫生聽完非常驚訝地告訴董事長夫人，一定要請我幫忙，因為怎麼可能只是站在病人的旁邊看，就可以得到和兩天後的檢查一樣的結果，還能說出以後的復原狀況。

醫生又跟她說，這個病在臨床上面可以說是十個人得到，十個人都會去世的，而且蔓延得非常快，因此狀況非常嚴重。董事長夫人聽完醫生講解以後，就馬上打電話給王總，請王總趕快再找我去幫忙。

索命怪石之二

與眾鬼的約定

我便與帶頭幾個比較凶的靈開始進行談判，當時鬼的數量很多，大概有近百個，一般如果有一個帶頭的，我們稱為「鬼王」。但這一群並沒有，只有幾個比較凶悍的靈，於是我就跟它們談條件。

當時情況十分危急，為首的幾個鬼魂態度相當強硬，表示要立即帶走董事長的魂魄。但是我也不是省油的燈，面對這一大群兇惡的鬼魂，我正色斥喝眾鬼：「輕取人命，罪行不輕，還是快點接受條件後散去。不然就不要怪我不客氣！」眾鬼這才道出箇中原委。我這也才明白這一群數量驚人的鬼魂究竟為何聚集於此。

原來之前那位特異功能人士在前往雪隧時，為了能順利感應與吸收靈氣不受打擾，曾經跟好兄弟們談了特定條件，不料那位人士在順利感應並吸收靈氣之後，卻沒有「履約」，因此好兄弟們才會「入侵」董事長作為「補償」。

跟靈談條件，其實跟人一樣，一定要講信用。比如答應要燒多少給它們，就一定要在答應的時限前執行，不然後果難以預料。尤其民俗上認為鬼的個性比較直，答應它的事一定要達成，不過反過來說，如果它承諾你什麼事，那你也不用擔心他會失信。

原先他們去雪隧，那位特異功能人士答應的條件，不但沒有處理，其他所說的也完全沒有下文。跟靈談判，如果不講信用，那下一次就很難再談。所以當我聽到這其中的原委後，就覺得這會是一個困難的談判。

由於先前的約定並沒有履行，於理來說，董事長一行人確有理虧，因此我在談判時特別吃力。不過，為了能夠從眾鬼手中救下董事長的性命，我只好盡最大的努力，想盡辦法讓眾鬼讓步。在一來一往中，軟硬兼施，最後終於談定了一個明確的結果，包含金紙的數量、燒化的時間跟地點之後，為了不節外生枝，談判完畢，我立即離開醫院，趕回服務處進行接下來的作業。

回到服務處之後，我首先作法為董事長點了延命七星燈，但剛開始點燈時並不順利，象徵董事長生命的火苗，不斷往下沉，表示董事長的生命跡象越來越微弱，隨時有熄滅的可能。我心中暗叫不妙，也明白雖然已經跟眾鬼談成條件，但目前看來它們仍不肯放過董事長。我只好採取更為強硬的手段，要眾鬼遵守約定。

經過我一陣緊急處理後，還在加護病房裡的董事長情形已經趨於穩定，但仍未脫離險境。

這天，我請董事長的家人準備了一定數量的金紙，便與王總以及王總公司的徐副總三人前往雪隧，將他們先前的路程再從頭走一遍，準備履行與眾鬼的約定。

進入雪隧之後，我一邊跟王總及副總聊天，一邊開始動念請好兄弟「上車」，只見好兄弟不斷湧入車中，此時王總開始變得非常不舒服，話也不講了，開始閉目養神。副總發現王總在休息，也就不再開口，專心開車。我便請好兄弟盡量往後座移動，以降低王總的不適。

出了雪隧之後，我們在高速公路的某個匝道口停下，等我請好兄弟下車之後，就看到王總吁地吐了一大口氣，彷彿感覺壓力頓消，此時我才跟他們說箇中原委。他們聽了以後都滿臉不可思議的樣子。

我們找了一個遠離車道的地方，我便開始作法，請眾鬼來領受約定好的金額之後，一行人就開始燒起金紙來。

我們在外面燒金紙的時候風很大，但是火不僅沒有被吹熄，反而越來越旺，煙就這樣旋轉向上，我們本來是在金桶裡面燒，但金桶太小，後來已經沒有辦法燒，就直接在外面燒。在外面燒其實是更有可能飛走的，可是當時完全沒有，就是向上捲，大約燒了一個鐘頭左右終於全部燒完。我看到帶頭的幾個好兄弟滿意地點點頭，我也向他們點頭示意，他們便就此消失。

紙錢燒完之後，我們三個人將現場處理乾淨，便立即再上車直奔台北。由於距離王總跟副總約好到醫院的時間還早，他們便打算先回辦公室處理一些事務，此時我便交代王總跟副總，回辦公室之前，先到人多的公共場所晃一晃再回辦公室，之後再到醫院。

我會建議他們先去其他地方，最後再去醫院，主要是考慮到如果有一些沒有離開的好兄弟，還跟在他們身邊，直接回辦公室可能會帶回辦公室，如果直接去醫院就可能帶回去原來病人的旁邊。

王總與徐副總兩個人到醫院後，便去探視董事長，董事長夫人迎接他們的時候，感覺情緒已經和緩許多，原來雖然當時董事長仍然在加護病房裡，但整個生命跡象已經趨於穩定，而且病情也迅速的好轉，連醫生都沒有辦法解釋，為什麼會有這麼戲劇性的轉折。

王總後來跟我說，其實第二次去雪隧之前，她去看過董事長很多次，但是董事長都在昏迷沒有醒過來，不管怎麼叫都是昏迷。但那一天去過雪隧燒過金紙之後，再去探訪董事長時，護士正在幫他抽痰，他竟然就恰好在那時醒過來了，連護士都嚇了一跳，趕緊叫醫生。

董事長雖然因為插管的關係還不能講話，只能以臉部的一些反應跟一些手勢來溝通，但王總很清楚，董事長已經完全不認得她跟副總是誰了。王總忍著情緒，問董事長記不記得那個特異功能人士，這時董事長就非常激動，整個人很抓狂。

同行不同命

王總就想說怎麼會這個樣子？心裡很疑惑，但為了不讓他受到刺激，就先請他好好休養，等過一陣子再來看他。董事長不再表示什麼，王總跟副總就離開了。

離奇的是，就在處理完之後的一個禮拜之內，王總卻開始遇到了不能解釋的問題。第二次去完雪隧後一個禮拜之內，王總家就變得很奇怪。像是平常完全沒有在用的燈，突然自己亮起來。或是上班出門前把冷氣關掉，下班一回家卻發現家裡冷颼颼，冷氣不知為何又被開啟。

王總跟其他人說了這事，大家還覺得是她最近太累，要她好好休息，直到有一次，王總約同事到家裡吃飯，一群人在客廳吃飯，卻突然聽到房間冷氣被打開的聲音，這次大家都看到了，他們才相信。

王總雖然不覺得有什麼很大的問題，但總是擔心狀況可能有什麼進一步的發展，所以後來就跟我講了這個狀況，後來我就給了王總一項物品，並教她怎麼運用。

過沒幾天王總打來跟我說，她照我說的做了以後，那些怪現象就不再出現。

王總此時好奇問說，在當天同行的一群人中，以董事長受到的影響最為嚴重，同行王總也受到冤魂的干擾，只有副總卻完全沒有受到任何影響，為什麼會有這樣的差別？

我跟她說，第一個原因是每個人體質不同，有的人感應很強，有的人感應很弱。第二個原因就是運勢。運勢旺的人，氣就比較旺，運勢低的人，氣就會比較弱。

命理上來說，氣旺的時侯什麼東西都沒有辦法靠近你，那在比較低潮的時候，才會什麼都跟得上。董事長那個時候真的是運氣不好，在運勢比較差的情況下，碰了這樣的事情，就出事了。

而副總雖然跟著董事長一起去感應現場，也有去醫院，第二次去雪隧也是由他開車，可是因為他當時相對的運勢旺，這些不好的東西都沒有辦法靠近他。

在我依照約定到雪隧將金紙燒給好兄弟之後，董事長的病情也就一天一天逐漸好轉，但是許多事情都已經記不得了，就像腦子裡面有某一塊記憶被永遠刪除，或者說是被破壞了。

那天之後，董事長漸漸復原，後來就出院了，連醫生都覺得很不可思議。這段期間我有持續觀察董事長的延命七星燈，一開始是沉的，等我們去雪隧燒完金紙後，就開始慢慢浮起來。

董事長後來的情形就跟我之前說的一樣，腦筋裡的某一部分損壞了，沒有一件事情是記得的，而且居然越久遠之前的事情記得比較清楚，越近的事情反而都記不住。有些人事物可能只記得大概的狀況，但細節基本上都不記得了。

受到惡鬼侵擾的董事長，在鬼門關前走一遭，雖然盡力從眾鬼手中救回他的生命，但被冤魂纏上所造成的腦部傷害，已經永遠無法挽回了。這個白手打拼起家的董事長，卻因為一個靈異的感應事件意外被波及，遭逢這樣的厄運，令所有認識他並知道這件事的人都不勝唏噓。

收集石頭惹禍上身？

其實董事長的情形，除了去參與感應，而被好兄弟纏住之外，其實還有一個原因，就是他收集的石頭。

董事長是一個非常熱愛收集石頭的人，收集了很多很多的石頭，有的石頭也許帶有靈，運旺的時候可能沒有什麼特別的感覺，但運弱的時候就會有影響。所以那近百個好兄弟中，有一些是雪隧事件召喚的時候帶過來的，有一些則是他收集的那些石頭上的靈。其實有不少收集石頭的人，後來也都有遇過一些奇怪的狀況，這時有耳聞。

就像民俗說法認為，上吊的人上吊那條繩子不能剪掉，因為有可能他的靈會附在那條繩子上面。而被河水沖走的人，民間認為他可能撞到石頭整個昏死過去，他的靈就受到衝擊灌到那個石頭裡面去。所以有一些造型或花紋很特別的石頭，例如看起來像是一隻母猴抱著一隻小猴子，還有之前曾看過一個是孕婦，非常清楚看得出來是一個孕婦大肚子，還有看過一個石頭像一個老太太。這些石頭以收藏的角度來說就是很漂亮很珍貴的，但這很有可能代表有動物、孕婦，或老太太的靈附在那個石頭上。

董事長收集石頭的數量之多，還曾因此登上媒體報導，據董事長自己的估算大約有五十萬顆石頭，這其中不乏上述提到的有靈依附的石頭。愛石成癡的董事長，花費了許多金錢與心力在收藏這些來自世界各地的奇石，也以收集石頭當作一生的志向。不過，董事長應該從未想過，這些自己深愛的石頭，有一天，卻差點奪去了自己的生命。

收集石頭該注意……

如果擔心收集來的石頭上有附靈，最簡單的方法是，剪一個拾元硬幣大小的紅紙貼在石頭上，因為圓形的紅紙具有一定的效果，「點紅轉陽」不僅可以封住石頭裡的靈，也可以避免外靈進入。

如果是比較保護石頭的收集者，不希望直接在石頭上做記號，可以做一個架子，把紅紙貼在架子底下，或者貼在架子跟石頭接觸的地方，這都有一定的功能。最好的方法是點上硃砂，硃砂自古就有驅邪、鎮邪的功能。在石頭底部點上硃砂，這樣鎮壓的效果是最強的。

另外一但在接觸的過程中，有奇怪、不適、頭暈、觸電的感覺，通常都不建議收藏，即使只是短暫的幾秒，都或許是我們身體感受到什麼或者直覺，但是有時候會被其他人、事、物干擾，一下子就忘記了，而等到再次感覺到的時候，可能就會太慢了，因此有時候要相信第一直覺，避免收到「燙手山芋」。

試膽大會

各大專院校在迎新活動中，經常會安排所謂的「試膽大會」，學長學姐們會安排新生透過一連串活動或遊戲，來證明自己的膽量，另一方面來說也能藉著這類活動，讓新生之間，以及與學長姐都能更快互相熟悉。而另一方面來說，學長姐當年剛入學時通常也參加過類似的活動，因此也可以說是一種「傳承」。

墓園裡的老太太

某一年，某間所在地較為偏僻的大專院校，有一位年輕人就參加了試膽大會，當年的題目是要求新生到學校旁邊的墓地裡挑選十個墓碑，把上面的名字抄下來，同時還要抄寫這墓碑是什麼時候立的，好證明這十個名字並不是隨便編出來的，而且抄越完整，「分數」越高。這樣能讓新生在墓碑前面停留久一點，更能增加恐怖程度。

當時新生被分成好幾組，每隔二十分鐘出發一組人馬。年輕人這組到了現場，因為有時間限制的關係，組員就散開各自抄寫墓碑，旁邊的人沒多久就隱沒在偌大的墓園中。年輕人左看右看，先找了一個字比較大的墓碑來抄，剛開始抄的時候還有點害怕，不過多抄了幾個以後，就比較沒那麼害怕了。

抄完九個墓碑後，年輕人挑選了最後一個墓碑，結果走近一看才發現這個墓碑上面的字比較小，如果要抄的話必須要靠比較近看。年輕人本來考慮要不要換一個墓碑，但一來這已經是最後一個墓碑了，二來是時間好像也快要到了，於是年輕人便橫下心來走近墓碑，彎下身來開始抄。

沒想到此時月光剛好被烏雲遮蔽，原本就不是很亮的環境一下子變得更暗，年輕人為了看清楚墓碑上的字，不自覺地把身體靠得更近，眼睛也湊近去看，想辦法要把字抄完。

就在快要抄完的時候，亮度突然增加，年輕人抬頭看，原來是月光又出現了，他正慶幸的時候，突然旁邊有人用台語問他：「啊你是在看什麼？」

年輕人紮紮實實地嚇了一大跳，他轉頭一看，月光下是一位滿頭白髮，駝著背還拄著枴杖的老太太，她站在離年輕人不遠的地方。

「沒、沒有啊，就……」年輕人結結巴巴地跟老太太簡短說了他是旁邊那所大專院校的新生，現在是來參加「試膽大會」，然後要抄墓碑上面的文字……等等。

老太太聽了點點頭，便說：「那你剛剛看這麼久，有看懂嗎？」

年輕人緊張地回答：「有、有，看懂了……」

老太太不等年輕人說完，又說：「要我跟你講上面寫什麼嗎？」

年輕人更為緊張，他趕快回答說：「不用！不用！我寫完了……我、我先走了！」

年輕人講完便趕緊站起來想要離去，沒想到他一轉身時，可能是因為蹲太久了，腳有點麻，要跨離墓園的墓圍時，好死不死一腳踢翻了花瓶，花瓶應聲倒下後碎裂。

清脆的啪啦聲在年輕人耳裡聽起來簡直響徹雲霄。他瞬間僵住，老太太低頭看了花瓶，又抬頭看了年輕人。他心想完了，一時之間慌了手腳，張口想說些什麼，心裡瞬間冒出一堆想法。

「完了不小心踢破人家花瓶……」、「而且還被老太太看到……」、「是不是應該要賠人家……」、「啊我身上沒有錢……」、「只是一個花瓶應該還好吧……」、「可是為什麼這時候會有老太太在墓園裡啊？」、「……！？」

年輕人想到後來越覺得奇怪，對啊為什麼大半夜的，會有不知道哪裡無聲無息冒出來的老太太？這不會也是學長姐安排的吧？年輕人越想越不對勁，突然害怕起來，於是拔腿就跑，跑到一半回頭看，老太太竟然已經不見了。

年輕人沒有多想，繼續跑到集合地點，一夥人集合完畢後回到活動場地，把抄好的名單交給學長姐，就算是完成這次的「試膽大會」。

被懲罰的右腿

第二天上課的時候，年輕人發現自己的右腳一直在抖，一開始他沒有想太多，猜想可能是因為昨天晚上在墓園走來走去，後來又跑回集合地點的關係，因為運動過度造成的。但過了好幾天，右腳不僅沒有停止抖動，反而還越抖越誇張。上課的時候一直在抖，連同學都不禁出聲提醒他，還說之前好像沒看過他抖腳。

年輕人也開始覺得奇怪，他從小到大從來就沒有抖腳的習慣，但現在只要一不注意，腳就抖個不停，甚至連眼睛盯著，心裡想著不要再抖了，都常常沒辦法停止。

年輕人嘗試用手拍打大腿，剛打下去會停一下子，但沒過多久又會故態復萌，年輕人只好再用手拍打。久而久之拍腳也變成習慣，連上課時都不經意地一直拍打，造成同學與老師的困擾，可以說是有苦難言。

此外年輕人也經常恍神，常常一不注意，就發現已經過了好一段時間。有時候同學叫他也沒回應，就是自己坐在那一個勁兒地抖腿，看上去非常詭異，久而久之同學也開始不太理他。

終於到了某次放連假回家的時候，因為在家住比較多天的關係，年輕人被家人發現怎麼有了抖腳跟拍腿的習慣，家人就問他抖腳是不是在學校跟哪個同學學來的？年輕人說沒有啊，我不知道為什麼會這樣，但我就是沒有辦法停止。家人又問那你拍腿又是什麼意思？他說因為沒辦法停止抖腳，所以就用手拍腿，拍腿後會停止一下，如果再抖就再拍。

家人聽到以後覺得怪怪的，當然同時也發現年輕人經常失神，不管是看電視、吃飯，甚至正在跟他講話時，他都可以突然停下動作，目光呆滯看著前方。於是家人開始四處打聽這種狀況該怎麼解決，最後就輾轉透過他人介紹，北上前來找我幫年輕人看。

年輕人來找我前，他的家人已經跟我說了大概的狀況。年輕人跟著家人進辦公室坐下後，遲遲沒有開口，可能想不出來該怎麼說，就只是一直在那抖腳跟拍腿。此時我感應了一下，心中便有了七八分的瞭解。

於是我先開口，問年輕人是不是去過墓地？他有點驚訝地說對啊！我說你旁邊跟著一位老太太。年輕人聽了，表情從驚訝變成驚慌，好像想起來什麼似的。我就接著問他所以你知道是哪位老太太嗎？」

他點點頭，便跟我說了當天遇到老太太前的狀況，從參加迎新宿營的「試膽大會」開始，新生怎麼分組、他怎麼一個一個抄墓碑，他說現在身邊那位老太太應該就是他在抄最後那塊墓碑時，遇到的那位老太太。

我聽完點點頭。其實當下有幾件事我沒有跟他說，一個就是那位老太太現在並沒有真的在他身邊，而是正在我辦公室門口附近站著。第二就是在剛剛年輕人還不知道要怎麼開口時，我已經先透過感應跟老太太溝通完了，老太太也跟我講了當天的狀況。

我跟年輕人說，其實你當天碰到的老太太，不是真的老太太，她是那個墓園的主人。老太太沒有要害你，但她會跟著你，好像是因為你當天做了一些什麼事？

年輕人聽了，露出不好意思的表情，他說當時因為急著要離開墓園，在跨越墓圍的時候，不小心把擺在那邊的花瓶踢破了。

我聽了便問年輕人，那你踢破花瓶後，有跟老太太說什麼嗎？

年輕人更不好意思了，他說沒有，因為那天很晚了，他一個人在荒郊野外，人生地不熟的地方，又因為是宿營的活動，所以當時身上根本沒有錢，沒辦法賠人家，而且他突然覺得有點害怕，所以慌亂中就嚇得跑掉了。

我聽完以後點點頭，又感應了一下。然後就跟年輕人說，老太太她其實沒有什麼惡意，她剛剛聽了你講的，覺得你當天也沒有什麼惡意，沒有做什麼不可原諒的事。

老太太只是覺得第一你當天那時這麼接近墓碑，對她來說感覺有點冒犯。第二就是你把她的花瓶踢破，沒有賠償就算了，連道歉都沒有就跑掉，所以老太太現在算是在懲罰你踢壞花瓶的那隻腳。

年輕人聽完後滿臉羞愧，臉都紅到耳根了。他家人此時在旁邊聽了便問那該怎麼辦才好。於是我便教他們要準備什麼東西，像是買一對新的花瓶，還有一些要燒給老太太的物品，然後請他兒子帶他們去老太太的墓園，跟老太太正式地表達歉意，說明他沒有惡意。

最後我跟年輕人說，其實像這種半夜辦在荒郊野外的「試膽大會」，尤其是跟墓地、好兄弟有關的，有時候十個人去參加，可能九個都不會怎樣，但是有的人因為體質或磁場跟靈體比較接近，或者是當時當地的氣場比較不好，就有可能出像這次的這種狀況。人跟靈體只要互不侵犯、互不干擾，其實是完全可以和平共存的。

所以往後要是有這種活動，就要盡量減少參加，或者說等到他們將來成了學長姐，要舉辦迎新活動的時候，就要認真考慮是不是不要辦類似的活動。以免新生也遭遇這種狀況。年輕人聽了連連點頭，想到這幾個月來遇到的困擾，又不禁搖了搖頭，大嘆了好幾口氣。

後來年輕人有透過辦公室聯絡我，說他自從按照我說的，去墓園跟老太太道歉以後，從當天開始他的腳就不再抖了，失神的狀況也不再出現，他跟他家人都非常感謝我。

新生入學的試膽大會

許多大學在新生入門會舉辦迎新活動，常見試膽大會、夜間探險等各種夜間進行的活動，這類活動盡量減少參加，尤其是和墓園、好兄弟相關的更要注意。

每個人體質不同、八字不同，如果當時氣場或運勢較差，不小心打擾到鬼魂，或是頻率和鬼魂對接上，就會引來不必要的麻煩，甚至使自己陷入危險。通常跟靈體只要保持互相尊重的態度，就不會有太大問題。

養鬼帶衰

坊間盛傳，在特種行業上班的小姐們，為了求取更好的業績，有些人會採用「戴鬼牌」，或是「養小鬼」等方式。小姐們認為這樣做可以讓自己招來更多客人，也會更受客人喜愛，如此一來便能到賺更多的錢。

養小鬼改運

曾經有一個女孩子，在特種行業已經做了好幾年，但業績一直平平，沒有起色，她有一次偶然聽其他小姐提到「養小鬼」，說對業績「很有幫助」，還說了哪家店的誰誰誰，姿色跟身材都很普通，也不太會討客人歡心，本來業績都吊車尾，但自從養了小鬼以後，每天都有一大堆客人點名坐檯，甚至還有客人說要花大錢包養她。

女孩子聽了以後心動不已，如果有辦法能改變現狀，她當然想要試試看。於是她就到處去尋找各種訊息，想盡辦法要接觸到養小鬼的師父。經過不斷打聽、比較之下，終於找到了一位「中國式」的養小鬼師父，她便去找那位師父，希望師父能幫助她改變現況。

師父聽了女孩子的狀況與要求以後，想了一下，便報了一個價錢。女孩子聽了數字以後雖然有點吃驚，但心想如果「養小鬼」能讓她以後業績變好，那花這筆錢不是很值得嗎？於是女孩子考慮了沒多久便點頭同意。

師父作法幫她做了一樣物品，然後讓女孩子過去拿，並跟她說「小鬼」就在這個「寶物」裡頭，要她帶回家裡供養。等開始供奉以後，業績就會越來越好，於是女孩子便把「寶物」帶回家供養，並滿心歡喜地期待。

一開始的時候效果真的很不錯，許多客人常常待在店裡不走，一直消費只是為了能等到女孩子來坐檯，而等她來坐檯以後，就會開很好的酒，討她歡心。更有許多客人對她神魂顛倒，送高價的禮物，也有客人說要包養她，還有其它小姐跑來跟她說，客人裡面的誰誰誰跟誰誰誰為了她爭風吃醋，還差點大打出手。

女孩子過了一段之前連想都不敢想的好日子，收入也比以前增加很多，全身上下不管是客人送的或是自己買的，全都是名牌。因為業績三級跳的關係，排名大幅前進，讓她在店裡連走路都有風，其他小姐只能不斷投予嫉妒或羨慕的眼神。

只是這樣的好日子並沒有持續多久。大概半年之後，女孩子的業績不知何故開始明顯下滑，來找她的客人越來越少，之前成天嚷嚷著說一定會包養她的客人，也突然開始裝作沒這回事。

女孩子的身體狀況也不太好，她變得非常容易疲累，氣色也變得很差，不管粉塗得再厚，都可以看到她整張臉呈現暗青色。因為從前陣子的某一天開始，她的睡眠品質變得很差，睡睡醒醒，感覺好像做了很奇怪又可怕的夢，但醒來後又記不得，而一睡下去又開始做夢。

之後夢境越來越具體，好兄弟在夢裡頭不斷重複地出現，然後一直看著女孩子，雖然沒有說話，但臉上則是充滿了責怪與憤怒的神情。女孩子感到十分驚慌與害怕，她開始奔跑想要逃走，一直跑一直跑……最後終於驚醒。

這樣恐怖的夢每天不斷地重複，到最後她常常一醒來就不敢再睡，因此氣色越來越差，精神狀態也越來越不穩定。

女孩子實在受不了，終於有一天想到，該不會是「養小鬼」造成的問題吧！可是師父明明跟她說「小鬼」會幫她。她考慮了好幾天，決定還是去找師父問問。

不找還好，一找才發現出了狀況。女孩子打電話給師父，對方一直沒接也沒回電。後來她直接去到師父的辦公室，才發現大門深鎖，詢問附近鄰居，都說辦公室已經一陣子沒營業了。

女孩子又拜託許多人打聽，才輾轉得知，原來那位師父前陣子跟女客人有桃色糾紛，客人的男友是黑道，師傅竟然慘遭殺害，還上了新聞。女孩子聽了啞口無言，當初師父還跟她誇口，他自己也養了好幾個「小鬼」，可以幫他一直賺大錢，還能保護他出入平安……沒想到現在連自己的命都保不了。

小鬼的反噬

女孩子做惡夢的日子持續著，她已經不堪折磨，整個人都委靡不振，上班的時候總是一副無精打彩的樣子，講話也有氣無力，意興闌珊。因為這樣的關係，來找她的客人當然更少。才過沒多久，女孩子的業績排名就掉到跟養小鬼之前一樣，有時甚至更差。

就在此時，女孩子發現更可怕的事。她發現自己身體開始出現各種瘀青，一開始只是身體，後來是手腳，最後連臉上、脖子上都出現一堆瘀青，她想說這不對啊，明明沒有跌倒，也沒有碰撞，為何一直出現瘀青？

上班時經常有人看著她的瘀青指指點點，不過這種程度的事情，對此時的她來說，已經無暇顧及。現在她無論是精神或體力都已經幾乎無法負荷了，但沒辦法還是要去上班，反正現在點她坐檯的客人已經很少，就算坐檯也只是坐冷板凳。

在這段期間，女孩子也不是沒想過辦法，她找出以前蒐集養小鬼時找的其它資訊，又諮詢了幾個老師，看能不能幫她處理。但每個找來的老師，要不就是一開始保證能幫她解決，收了錢以後卻毫無效果發生：要不就是看過狀況以後，只說沒辦法，這個處理不了，便婉拒女孩子委託。

女孩子逐漸心灰意冷，畢竟現在收入不高，但這些老師要價卻一個比一個高，她實在沒辦法一直這樣負擔下去。

就這樣好死不如賴活著，勉強過了兩年之後，女孩子有一天跟很久不見的朋友敘舊，向她訴苦，朋友聽了以後很驚訝，覺得這件事很不尋常，便建議她來找我，看能不能幫她化解。

女孩子聽到又是「找老師」，心裡多少有點遲疑。但朋友向她掛保證，謝老師絕對跟那些老師不一樣，絕對可以幫助到她。然後就跟女孩子分享，以前她們家曾經有一度日子也是過得很糟糕，後來看電視才知道謝老師。而自從請謝老師來家裡看過風水以後，她們家可以說是改頭換面，運勢大好。

女孩子聽了，心裡又燃起希望，她便透過朋友介紹，拜託我處理「小鬼」的事情。

到了約定的那一天，女孩子來到我的辦公室，把裝小鬼的「寶物」放在桌上，是一個漆黑色的小棺材。然後女孩子非常詳細地跟我講了事情的前因後果，請我幫她處理。

我聽完便跟女孩子說，今天她要我幫忙處理的，並不是只有幫她做個法術，然後把小鬼趕走那麼簡單。因為那個師父給她的「寶物」等於是小鬼的家。就算我今天做法把小鬼趕走了，過一段時間等他能量恢復以後，也有可能再「回家」，也就是回到女孩子住的地方。

因此如果這「寶物」還是放在她家的話，等於小鬼還是會繼續出現。於是女孩子聽了就決定把這個「寶物」交給我，由我來幫她處理。

看到這裡，讀者可能會好奇，為什麼女孩子「養小鬼」會造成這麼嚴重的後果？其實大家可能忽略了一件事，師父本身會法術，因此他也許有辦法跟小鬼溝通，但是女孩子既沒有法力，也沒辦法溝通，因此當女孩子帶小鬼回家後，也許她有照著師父指示，每天供放食物、飲料等等，但若小鬼有其它要求時，女孩子當然就沒辦法知道。

對小鬼來說，想要什麼東西，可能表達了一次、兩次、好幾次，但都被忽視的話，小鬼就可能產生誤解，認為女孩子對他不好，久而久之就會產生「反噬」的行為。

另一個反噬的原因，可能「冒犯」了小鬼而不自知，有時候我們看到有些人一開始必恭必敬地拜小鬼，但是一旦開始飛黃騰達，賺了錢之後，往往開始「忘記」它的存在，例如：答應買玩具、衣服、食物……。可能因為喝醉了、忘了，，又一直沒想起來，下次拜拜的時候又講，但又忘記……

古人常說：「死人直，死人直……」一而再、再而三地騙它，你說它不會修理你嗎？有時候可能連活人都會受不了。

我說：「妳這樣已經算好的了，有些人甚至最後莫名其妙地就自殺了……」

這時候女孩子露出驚訝的表情說：「真的嗎？」我心想，妳連這個都不知道，那妳在跟人家養什麼？這個世界不可能好的都是妳的，天下沒有白吃的午餐。

因為女孩子本身因為無法跟小鬼溝通，致使小鬼產生了誤會，便做出「反噬」的行為，再加上這段期間，連養小鬼的師父自己都死亡了。如此一來，小鬼就更加無人可管。而且因為這個小鬼本身還蠻強的關係，所以對其他老師來說，比較知道狀況的，會直接選擇不處理。而有些老師可能想處理，卻力不從心。更可能有一些號稱已經幫忙處理的老師，其實實際上可能什麼也沒做，只是趁機從中撈上一筆。

而那位師父又為什麼養了小鬼還會遭遇橫禍？就我所看，這養小鬼的師父用的是一種叫做「五鬼運財法」的方式，養了不同的小鬼來幫他做事。但「養小鬼」這件事本身就會有遭遇「反噬」的風險，而且一般來說會隨著養小鬼數量，或是小鬼的強度，而可能產生不同的反噬效果。因此再怎麼覺得自己經驗豐富的老師，其實都有可能會因為哪裡沒有處理好，而遇到「小鬼反噬」。重點是應了那句：「人比鬼可怕！」

後來女孩子養小鬼用的黑棺材經過我的處理，她後來也逐漸恢復正常，她非常感謝我幫她處理問題，對她來說，現在整個人就好像重獲新生一樣。

養小鬼的禁忌

小鬼跟人一樣也會有需求，你必需把他當作小孩子來看，你才容易理解他，他才會對你好，但一般人因為無法和小鬼溝通，所以無法得知他們的需求，也不懂禁錮、控制小鬼的法術和咒語，或是有些人生活順利後，就忘記對小鬼的承諾和照顧，但這對於小鬼來說是呼嚨、忽視甚至一再被欺騙；因此時間一長之後，他們也會生氣，於是就會產生「反噬」的行為。先前提過靈體是很講信用的，所謂的「死人直」，一旦當初法師和他說定的契約，你和他說好的條件（例如：如果你賺到錢，就會幫他買衣服、玩具……），例如：你喝醉忘了、太忙忘了、根本不記得這件事了，一而再、再而三，他們可能會認為你不守信用、自己被欺騙或者你根本不重視他，那後果有可是相當嚴重的。

請鬼容易送鬼難，有太多這樣的案例，他不像寵物，一旦你不想養了，就可以「野放」，他就像你生了一個孩子，不想養了能隨便丟嗎？！因此好朋友們在養之前，一定要仔細考慮清楚。

輕挑惹禍之一

自從1993年成立「謝沅瑾命理研究中心」後，我便經常受邀參與各種風水、命理、靈異節目的採訪與錄影，那時正是台灣靈異節目開始盛行的年代，從超視「星期天怕怕」、三立「穿梭陰陽界」、東森「鬼話連篇」、GTV27「神出鬼沒」、八大「第三類接觸」、八大「暗光鳥新聞」、緯來「不可思議的世界」……等等，我從來沒有缺席過任何一個節目，所以當時有很多的電視節目靈異節目甚至連新聞節目都會找我其中甚至還有中國或世界各地具有特殊習俗或靈異狀況的地方都曾邀請過我。

靈驗的姑娘廟

有一次，某個電視臺新聞部的採訪記者找上我，他們打算採訪有關「姑娘廟」的主題，想邀請我擔任節目中的主講人。

首先解釋「姑娘廟」的成因。傳統民間相信人死後會化為鬼魂，軀體雖然消逝了，但靈體仍然會繼續存在。

民間一般對於逝去的親人，會供奉其牌位並加以祭拜，除了懷念之外，另一方面也是希望祖先能在冥冥中保佑家運興旺，子秀孫賢。

基於同樣的道理，對於無名或是無後的鬼魂，民間也會透過立牌位或是祠堂安放，或是定期祭拜的方式，使祂們能有所歸屬，得到應有的照顧，不致成為無主孤魂，甚至因心懷怨恨而成為厲鬼。

再回到一般家族來講，因為中華傳統上是父系社會，因此男性過世後自然是由自己家人進行祭祀，而女性的話，古代認為「嫁雞隨雞、嫁狗隨狗」，因此不管是嫁給誰，過世之後都應該是由夫家的家族來祭祀，而不會回到娘家由娘家家族祭祀。

因此，男性過世時如果未婚的話，那就必須要有同家族的人，例如哥哥、弟弟或是家族中其他男性成員，將一個孩子過繼給他，讓他在名分上有小孩，這樣就可以進入祖先牌位，並接受家族祭祀。

然而如果是女性未婚就過世，那麼就可能採取所謂的「冥婚」，讓這位女性有個歸宿，而冥婚之後自然就可以進入夫家的神主牌位，接受對方家族的祭拜。

如果無法辦理「冥婚」，或是遲遲「嫁」不出去，那麼她們通常就會被送到「姑娘廟」裡，與其他過世的未婚女性一起接受祭拜。

姑娘廟因為祭祀的是無人祭祀的女性「孤娘」，因此屬於「陰廟」，一般民間提到「陰廟」往往通常會認為有求必應、很靈驗，因此「姑娘廟」一般也是以有求必應而聞名或作為號召。

由於姑娘廟祀奉的是未出嫁的姑娘，因此供品多為女性衣物、首飾、化妝保養品、鮮花等，而非一般常見的三牲四果，而信徒在供奉、祭拜，請示「仙姑」過後，也可以將廟中擺放的衣物與首飾帶回去穿戴使用，民間相信如此一來能為女性帶來庇佑。

此外姑娘廟還有另外一個非常有名的傳言，民間認為年輕未婚男子要是進姑娘廟，便有可能會被廟中的姑娘相中，進而要求結婚。其實我個人認為第一未婚男性不適合去，第二就算有這樣的情況出現，只要能夠誠心誠意向「姑娘」說明，並虔誠祭拜，最後多半能夠安然無事。然而，若是男性在姑娘廟中態度輕挑，甚至口出不雅不敬之語，則便有可能冒犯「姑娘」，自然會受到相對應的回應。

錄影回程的「新乘客」

採訪姑娘廟的當天，採訪記者跟製作團隊開車到我的服務中心來接我，我因為經常參與錄影的關係，跟製作團隊都已經很熟悉，不過上車時，卻看到一個陌生的年輕面孔，採訪記者介紹時跟我說，他是新來的實習生。

我跟他聊了幾句之後，感覺到這個人雖然頭腦好、反應快，個性也不差，但就是有點不夠穩重，時不時自以為幽默，愛開一兩句玩笑，而且還說他其實不太相信這種宗教或靈異的東西，我想說每個人都有自己的信仰，也就沒有多說什麼。

快到姑娘廟時，主持人提醒大家，等一下錄影的場所是廟宇，所以要盡量保持安靜，同時不要打擾到他人。我聽了心裡很是讚許。

到了姑娘廟，打過招呼、架好設備後就開始採訪錄影，因為前期溝通充足的關係，錄影過程很順利，我介紹了姑娘廟中特有的女性專屬供品，還有後殿擺放名片的典故，大家聽完都感覺十分新奇。

但在錄影過程中，我不時注意那位年輕實習生，他因為負責幫忙架設器材，所以開錄以後基本上就沒有他的事，我看到他在我們四周走來走去，東張西望。

最重要的是我發現他在四處看來看去的過程中，時不時會用手掌把臉遮起來，我看到製作團隊中也有人注意到他這個動作，但因為一來他沒有發出聲音，二來也沒有干擾到錄影，所以也沒人說什麼。

終於等到錄影完後收拾器材，我們走出姑娘廟。離開沒多久，我便特意走到年輕人旁邊，問他爲什麼剛剛在廟裡面時，要一直用手遮住臉？

那年輕人看著我回答：「因爲我覺得自己長得很帥。我怕太帥，裡面的姑娘要是看到我的臉，喜歡上我，跟我回去怎麼辦？」我聽了整個傻眼，為什麼會有這樣的想法？又為什麼想要低調，卻反而做出讓人注意的動作？

看到這裡，有些讀者可能會想說，我為什麼要在剛走出姑娘廟門口，就問他這樣的問題，為什麼沒有等離開到遠一點的地方，例如回到市區以後才問？

那是因為我在錄影的過程中，就已經發現整個過程從頭到尾，就已經有姑娘在看著那個年輕人。而且我們離開姑娘廟時，那位姑娘跟出來了。

因此我不得不故意在剛出門口時，就開口問他，如果他有合理的原因，例如像是因為眼睛怕光、鼻子過敏，或是想咳嗽等，那我也許還可以幫他。但他現在這樣回答，對於那位姑娘來說，簡直就是刻意挑釁。

在很多時候，靈界的朋友跟我們平常人的舉止會很像，好比說如果那位實習生在姑娘廟裡只是走來走去，東張西望，那可以說是常人都會有的好奇心。其實許多時候，路上有些狀況，像是車禍，或是封街拍片等等，除了一般民眾會去圍觀以外，同時也是會有附近的好兄弟前去圍觀，大家都是好奇心而已，無傷大雅。

但如果像那位實習生一樣，在姑娘廟裡不僅不時用手遮住臉，又一副玩世不恭的態度，那當然就容易引起姑娘的注意，而就像剛剛說的，姑娘們跟平常人一樣，有些會討厭這種態度，而有些則因為覺得這實習生長得不錯，因此就跟過來了。

我當下沒有再多說什麼，就看著實習生去幫忙將器材搬上車，都搬完以後，採訪記者便招呼我一起上車，於是我們就驅車回台北。

只是回程時多了一位「乘客」。

在回程的車上，因為錄影過程順利，大家心情都不錯，聊了一下覺得剛剛採訪過程中特別有意思的地方。我們那天開的是4人座的車，當時我坐在前座，而我的後方就是採訪記者，他當時已經是全台赫赫有名的大記者，而實習生就被安排在他旁邊。

節目的部分聊得差不多以後，那位大記者就問我：「沅瑾啊！你看我們這個實習生，在採訪過程中，有沒有什麼地方沒有注意到，或是有問題的？」

這個問題要是一般人聽起來可能會以為是要問工作方面的事，但我跟這位大記者合作非常久，兩個默契十足，因此我一聽就知道他要問的是什麼。

我緩緩地說：「因爲剛剛有人在姑娘廟裡開玩笑的關係，所以現在有一個姑娘就坐在……」我停了一下，轉身指著實習生說：「他的腿上。」

那位大記者，在遇到我之前其實是非常鐵齒的，很多事情他都會認為是迷信，是無稽之談，但是因為跟我合作幾次之後，親眼看到許多不可思議的事情，而且我跟他講的所有事情都全部命中，因此他後來也開始慢慢相信，甚至可以說只相信我，因此幾乎凡是類似主題的，都

八大電視台「神出鬼沒」和「紅衣小女孩」世紀靈異V8記者會，謝老師是唯一一位受邀出席的老師，也是第一個鑑定V8內容的老師。

一定找我來訪問。

大記者看到我指著實習生，於是他也跟著把頭轉過去，他上下打量了一下實習生，便轉回頭來問說：「真的還假的！？」同時不自覺地挪了一下身體，臉上盡是半信半疑的表情。

此時那位實習生只是一直笑，而且又是把臉遮著笑，與其去猜想他相不相信，不如說他其實是覺得非常得意。我看著那位姑娘也一直笑瞇瞇地望著實習生，於是我沒有多說什麼，就把身體轉回來。

輕挑惹禍之二

玩笑引發的誤會

半年後的某一天，大記者突然打電話聯絡我，問我記不記得上次去姑娘廟採訪的那件事情，我說記得，而且印象很深刻。大記者接著問：「之前你說有一個姑娘坐在那個實習生的大腿上，那時候是在開玩笑嗎？」

我說：「沒有，我沒有開玩笑。」

大記者在話筒那邊沉默了半晌，便跟我說，這個實習生後來遇到很多事情，問我可以幫忙處理嗎？

我跟他聊完之後，才知道這個實習生平常是真的很受歡迎，了一個正牌的女朋友，在外面還有好幾個有實無名的女朋友。但自從上次去姑娘廟回來以後，短短幾個月間，外面所有的「紅粉知己」全部都莫名其妙跟他斷絕關係，本來他好像也不以為意，開始讓他在意的，是連他正牌的女朋友也在有一天主動跟他提分手。

除此之外，在日常生活中他也一直感到運氣很背，像是走路跌倒、開車拋錨、錄影完回去才發現竟然完全沒有畫面，諸事不順。這半年可以說是跌跌撞撞走過來的。

因為大記者跟我合作了很久，他有點感覺到這個狀況好像不太尋常，可能是遇到了什麼奇怪的狀況，所以才想問我這邊是不是能幫忙看一下。

大記者又跟我說，他這半年來一直觀察，實習生雖然可能看起來有點玩世不恭，但在工作上是真的蠻認真的，學習跟理解能力也不錯，而且大部分的問題其實都不是他造成的。那因為大記者其實有想把他收為徒弟的想法，所以才親自打給我問能不能幫他。

其實我也覺得實習生個性跟能力都不差，好好努力的話會是個很有前途的年輕人，因為這樣的關係而不能好好發揮能力，實在有點可惜。再加上大記者都親自請託了，所以我也就答應下來。但是我也跟大記者說，我希望實習生能親自過來跟我講，於是大記者便安排了時間。

見面的當天，實習生的穿著比上次正式許多，可見他非常重視這次見面，這讓他在我心中的印象分數加分不少。

因為辦公室門口有擺放法器，因此一般靈界的朋友進不來。我看到上次那位姑娘還是一樣笑瞇瞇地在門外站著，心中多少放心許多，這表示那位姑娘其實並沒有什麼惡意。

半年不見的實習生，看起來雖然有稍微成熟一點，但愛開玩笑的個性好像還是改變不大，不過仔細一聽，遣詞用字比較謹慎，確實是值得栽培的一個年輕人。

實習生先是跟我講了採訪當天後來發生的事，其實當天他聽到我說，有個姑娘坐在他大腿上，他其實是不相信的，總覺得我是在開玩笑。

回到公司後，幫忙整理完器材時間也不早了，再加上當天很早就出門工作，因此覺得有點累，就沒有再打給女朋友，便直接回家。

實習生回家洗完澡，習慣性地沒有穿衣服，隨便圍了一條毛巾就坐在沙發上看電視，正當他非常放鬆，半睡半醒時，突然大腿上有種搔癢的感覺，好像有人在用頭髮還是絲線搔他，接著看到有一根頭髮落在他大腿上，嚇得他整個人從沙發上跳起來。

他驚魂未甫，左顧右盼，整個客廳就他一個人，剛剛那個好像有人的感覺是怎麼回事？實習生想了一下，不對。

他慢慢地用指頭把頭髮拎起來，透過燈光一看，是一根非常長且烏黑的頭髮，他看得不明所以，他本人短髮不說，女朋友也只是及肩長髮，而且還有染色。不過先不管染色的問題，這頭髮怎麼樣也不會是他女朋友的。

那問題來了，這是誰的頭髮？是今天出門從外面夾帶回來的？還是從窗外飄進來的？把每個可能性都思考了一下，就知道絕對不可能。因為就算是外面帶進來的，窗外飄進來的，甚至是有人趁他不在時，進房間來放了一根頭髮又跑掉。這根頭髮剛剛都不應該在他大腿上出現，畢竟他洗完澡坐在沙發上已經好幾分鐘，在門窗緊閉，完全無風的室內，不可能還可以飄那麼久，然後才落到他的大腿上。

實習生思考到這裡，除了疑惑以外，更增加了一絲恐懼，這到底是怎麼回事？然後就在此時，剛剛那個好像有人的感覺又出現了，他突然覺得自己毫無防備，也不管頭髮還沒擦乾，就趕快先去把衣服穿好。

實習生接下來的日子，就像大記者先提過的一樣，發生了各種巧合的事，只是，都是沒辦法令人開心的那種巧合。像是在公司內搬運攝影器材時，莫名其妙地整個絆倒，自己受傷不說，器材也跟著摔壞。好不容易敲到一位大牌藝人的時間，趕快從公司送攝影器材過去時，就剛好遇到汽車拋錨，導致現場的人沒有器材可以錄影……等等怪事、爛事都出現在他的生活中。

最令他不解的是，每件事回頭一想，其實都充滿著難以解釋的巧合因素。他向來不是個倒楣的人，不如說從小到大運氣都很好，而且天生條件又優越，使得他無論是求學、求職，都可以說是一帆風順。但自從去了姑娘廟那天之後，整個命運都改變了。實習生說完，就有點哀怨地問我這到底是為什麼？

我看著他真誠的眼神，又看了一眼門外的姑娘，便慢慢跟他說原因，當天他在廟裡面的行為「吸引」了姑娘的注意，在廟門口的言論讓姑娘認真地以為他想「找對象」，最後就算是在車裡，他聽了我講的話，也是從頭到尾笑嘻嘻，這讓姑娘產生了誤會……

實習生一邊聽，一邊苦笑。

我接著跟他說，姑娘那天晚上跟他回家之後，才發現他其實並沒有辦法感應到自己的存在。因為在此之前，都是我講話，實習生反應，導致姑娘誤以為實習生其實是感應得到她的。

於是姑娘便想辦法吸引他的注意。但那姑娘畢竟是女孩子，所以用了相對矜持的表達方式，也就是放了一根頭髮在實習生大腿上。期待用最不引起騷動的方式，提醒實習生她的存在。

我進一步跟實習生解釋，古代女性通常會把頭髮當作定情信物，古人也說「結髮夫妻」，因為那是她身體的一部份，把頭髮「給」了實習生，象徵她已經把自己託付給對方。

實習生聽著，苦笑開始加深。

而發生在實習生身上的那些倒楣事，則倒並不一定全都是姑娘的作為。因為從命理的角度解釋，在那位姑娘跟了他之後，多少會影響他的運勢。

也就是說並不是姑娘想害他，而是當姑娘靠在旁邊時，他身上的陽氣就會自然而然傳給姑娘，當實習生的能量一直流掉之後，運勢就會跟著變差。

實習生聽到這，可以說苦笑已經快要變成哭喪臉。他閉起眼睛深深嘆了一口氣，然後用堅定的口氣對我說道：「老師，請你一定要幫我處理這件事。」

向姑娘鄭重道歉

處理的過程很順利，我讓實習生準備必要的物品，然後挑了一個日子一起前往姑娘廟，我先進行了一些儀式，跟姑娘們溝通狀況之後，再讓實習生跟那位姑娘還有其他姑娘們鄭重道歉，誠心誠意地說明他當天只是無意的開玩笑，並不是真的對姑娘有意思。最後把準備好的東西燒給姑娘們，問題就算是順利解決了。

之後過了一陣子，又有一次受到大記者邀請錄影時，我看到那實習生——其實他那時候已經是大記者的正式助理了——表現得非常專業俐落。

實習生看到我出現非常興奮，等到錄影完之後他趕緊跑過來，跟我說那天之後他的衰運好像就完全消失似的，一切都非常順利。

大記者後來也過來謝謝我，因為我的幫忙，他可以得到一個這麼優秀的助理，我只說這都是他自己因為想要改變而努力的關係，我只是在旁邊幫他一把而已。他們兩人聽了哈哈大笑，後來我跟實習生也變成很好的朋友。

所以讀者們千萬儘量不要用輕佻、挑釁、白目、不屑的態度來面對跟好兄弟相關的事項，如果幸運的你沒有遇到性格暴躁、易怒和你計較的好兄弟，當然最好，否則類似這件案例發生的狀況，已經算是幸運的了，有人發瘋、生病、甚至差點死亡的事件，這種案例實在很多，有機會下次再和你一起分享，更勁爆的真實案例。

卷

肆

來自陰間的
冤魂厲鬼

檔案編號	004

死亡病床

醫院是一個生離死別都隨時可能會發生的場所，有些醫院會在地下室設立太平間來專門處理遺體，因此醫院通常也是許多靈體好兄弟聚集的地方，發生在醫院的靈異故事自然也就時有所聞。

然而有些故事深究下去，經常是經不起驗證的，不是年份、場景、人物錯誤，要不就只是流傳歸流傳，但其實並沒有真的任何人遇過。而我曾處理過的，是一樁醫院內的工作人員幾乎都知道，而且是連醫院最高管理階層都被驚動，親自出面委託我處理的真實醫院靈異事件……

消失在病房的紅衣女子

委託我去處理的這間醫院，是一間蠻有名氣的大醫院。一開始找我去的時候，只在電話中說希望能請我過去幫忙。

執業數十年的期間，不管是醫院還是診所，大大小小的單位其實都有請我去看過。通常會找我去，主要不外兩種狀況，一個是醫院要改建、修整，因此找我去看風水，希望能讓醫院營運更為順利。再來就是出了有關靈界好兄弟的問題，希望能請我過去幫忙處理。

當天到了醫院，是一位主任跟一位護理長來接待我們，並帶我們去見院長。從醫院大門走進去，到電梯門前時候，主任去按了按鈕，準備等電梯下來，電梯門開了之後他跟護理長先進去按著電梯的開門鈕，並招呼我進電梯。

當時電梯門一打開的時候，我的第一個動作是往空無一人的電梯內看了一眼，接著我往右側跨了一步，等了幾秒鐘才進電梯。此時護理長發覺有異，便緊張地問我：「老師，請問您是看到了什麼嗎？」我回答：「喔！剛剛電梯裡面有很多……」我停頓了一下，「……你們看不到的。」

上樓後我們一路走到院長室，院長一看到我連忙起身迎接，跟我寒暄一陣之後，院長便開始跟我說明醫院內發生的狀況。

醫院裡有個令人不解的狀況，一間病房裡的某張病床，近幾個月開始，只要有新進來的病患，或是其他病床轉移過來的病患，不管之前的病況如何，在這張床上躺了幾天之後，就會因為病情急速惡化，最後就往生了。

於是我們一行人直接到了病房現場查看，病床本身的位置跟氣場並沒有明顯的問題，於是我問了護士長，是不是發生了什麼情形，才會發現這是個死亡病床。

護理長先跟我說了，最近一位睡在死亡病床的病患，在往生之前發生的一件事。這件事從頭到尾都被她旁邊的護理師所目擊。

這位護理師其實是最近才剛到醫院的新進護理師，新來的護理師通常會被分配到一些資深人員比較不願意做的工作，例如晚上要值夜班，或是一大早就要去分藥、送藥等等。

於是有一天早上，新來的護理師在分藥時，突然發現有人在病房內移動，她抬頭一看，一位穿著紅色旗袍的女性正走進病房，她一開始有點驚訝，這年頭還真少見到穿正式旗袍的人，再仔細看，氣質雖說相當優雅，但臉色不知道是白晰還是蒼白，神情總有一股說不出的怪異。

紅衣女子輕輕慢慢地走著，到了其中一張病床前停了下來，之後便低頭看著床上的老先生。那位老先生是前幾天轉過來的，原本的病經過治療，已經好的差不多了，於是便轉到這張病床觀察，過幾天應該就可以出院。

老先生此時正在睡覺，紅衣女子動也不動地一直看著他，卻沒有要叫醒老先生的意思。護理師一邊分藥，一邊看著這場景，心裡覺得有點奇怪，都特地來醫院探病了，為什麼不叫醒老先生呢？她跟老先生又是什麼關係？不過那畢竟是人家的事情，而且一直看著人家總是不禮貌，於是護理師便轉回頭來繼續工作。

過了一會兒，護理師抬頭一看，紅衣女子往她這邊走了過來，她想大概是有什麼是要問她吧？也許是要問她能不能叫醒老先生？或者想詢問老先生的病情，她想著想著，準備回答紅衣女子的問題。沒想到紅衣女子走近護理師之後，下一步竟然是直接經過她，往裡面洗手間的方向走去。

紅衣女子要去的洗手間其實是醫院工作人員專屬的，護理師本想叫住紅衣女子，跟她說病患與家屬的廁所在外面。不過一來這樣必須發出聲音，可能會吵醒病患。二來反正現在還早，這區只有她一個人在上班，大概也不會打擾到誰。護理師心想反正也不會多久吧，於是就沒有叫住她而繼續分藥。

不過分著分著，一分鐘、兩分鐘、三分鐘……好幾分鐘過去了，護理師藥都分完了，還沒有見到紅衣女子出來。她想說就算是穿旗袍上廁所再怎麼不方便，這時也該上完了？該不會發生什麼事？難道是暈倒了？護理師感覺不對勁，便趕緊走進去廁所。

進了廁所，護理師看到其中一間門是關著的，她便上前輕輕敲門，叩叩叩，結果完全沒有回應。她等了一陣子又敲了三聲，還是沒有回應。她心想好吧敲大力一點看看，叩叩……護理師嚇了一跳，三聲還沒敲完，那廁所門竟然隨著她的敲擊而打開，原來那扇門根本沒有鎖。

護理師遲疑了一下，該不會真的暈倒，於是她用很慢的速度推門，預計一聽到聲音或碰到東西就停住，沒想到門推到底，裡面根本就沒有人。

護理師感到不解，從病房那邊到這間廁所，只有一個通道，如果紅衣女子離開這裡一定會被她看見，而且這間廁所也沒有窗戶，難道紅衣女子跟電影一樣，秘密地從通風口爬走了？

護理師搖搖頭，這種荒謬的事沒道理發生，就算紅衣女子從通風口爬走，一定也會發出巨響，那麼只有一件事是真實發生的，那就是她無緣無故憑空消失了。

護理師想到這，開始覺得緊張害怕，她走回病房，並沒有什麼異樣，病患都還在睡覺，病房裡的物品也沒有不見或被移動的樣子。護理師一邊繼續工作，一邊好不容易等到有學姐來上班，她心中那塊大石終於放下，於是到了中午休息時間，她就趕緊離開病房。

到了下午上班的時候，剛好護理長也有上班，護理師就趁著忙碌的空檔，問了護理長這件事。她跟護理長描述早上的情況。護理長聽完，居然轉頭看著她，說：「喔……妳也看到了喔……」

護理師看到護理長的反應，十分吃驚，說：「護理長，難道……妳也有看過她？」護理長點點頭，說：「其實不只我們兩個，事實上醫院裡面很多人都有看過，像妳的資深學姐們有好幾個都有看過，另外還有幾位醫師也有看過。」

護理師更加吃驚，她便趕緊問說這是怎麼回事？那紅衣女子又是誰？護理師要她先冷靜一下，然後問她說是不是看到紅衣女子停在某某床前面。護理師點頭，護理長便說，那那位老先生可能這幾天就會走掉。

護理師簡直吃驚到了極點，老先生會走掉是什麼意思，是指他要出院了嗎？或者？可是他明明這幾天精神都很好，而且預計過幾天就要出院了，應該不是這個意思吧！護理師聽的心都慌了。

護理長嘆口氣說，妳看到的那位紅衣女子，每次都是固定停在那個床位前，那只要她出現過以後，幾天內那床上的病患就會惡化，然後最後就會往生。

真的假的？年輕的護理師心裡慌亂地想著。

果不其然，就在護理師看到紅衣女子後，當天傍晚開始老先生的狀況突然就開始惡化，晚上就送到加護病房，隔天的下午三點多，年輕的護理師來病房時，突然發現床是空的，於是她趕緊跑去問其他人，這時她才知道，老先生已經走了。

護理師聽到這消息簡直晴天霹靂，她趕緊跑去問護理長，她也有被紅衣女子看到，那她會不會怎樣，而且如果以後再看到紅衣女子該怎麼辦？

護理長一邊安慰護理師，一邊心想也該是時候處理了，之前因為擔心被斥為無稽之談，也為了避免人心惶惶，因此一直沒有說出來，但這樣下去也真的不是辦法。於是便跟主任報告。

主任其實也一直都知道，確定這不是子虛烏有，空穴來風之事，便繼續往上向院長報告。院長雖然知道，但是也不知道如何處理，聽了驚覺事態嚴重，便指示一定要找高人前來處理。

死亡病床的年輕冤魂

當大家還在考慮思索的時候，一件更勁爆的事情又發生了，這是一所比較稍微有點年代的大型醫院，有時候往往有點像通鋪一般的設計，也就是一個大房間裡，有很多病床併排一起，方便醫生、護理師一起照顧所有的病人，但是這天意外的情況發生了，在這層樓中的病床裡，大多都是同屬年紀較大、行動不便的老人，這一天下午發生了一件驚天動地的大事件……

躺在病床上的老李（化名）正在睡著午覺，突然間感到一股異樣的感覺，不知不覺地突然清醒，完全沒了睡意，當老李覺得好像有人盯著他看時，他不自覺地張開眼睛，朝著感覺到目光的方向望去，當然這一切都源自於人類天性的第六感。但是當老李的目光和看著他的目光接觸了以後，不得了了！一股寒意不自覺地從老李心裡，瞬間涼透了四肢，讓他連話都說不清楚了……

原來看著他的目光，並不是有人站在他的床前，而是飄在空中，一個穿著皮衣的男子，這個男子充滿不甘的目光掃射著整個大病房，重點是老李的目光，穿透過男子的身體，看到後面牆壁上的東西，這可著實讓老李嚇呆了，嗚嗚嗚嗚……老李完全說不出話，喉嚨只能發出嗚嗚的聲音。

也許是因為老李驚動了大家，或者大家也同時感覺到，並且也看到了，整個大病房內嗚嗚聲四起。因為都是比較老或重症的病人，這一下恐懼瞬間蔓延開來，連病房的護理師都不知道要如何處置這種現象。

院長說，當這件事發生，他們不得不趕快找我來處理，否則這一整間的病人，紛紛人人自危，嚇得不是要轉院，就是要轉病房。

說到這裡，我不得不好奇地請他們帶我去整個院區走走，我很好奇，什麼樣的靈能夠在大家面前現形，讓這麼多人同時看到，如果不是有很強烈的怨氣，就是有很大的冤屈，心有不甘的狀態……。

於是我們先去看這個凌空出現的幽靈。院長問道說：「老師有看到他嗎？」我半回頭看看他們，說道：「最近一個月是不是有一個三、四十歲的年輕人，進來的時候是輕症，後來莫名其妙地受傷，然後又莫名其妙地死了？」

護理長想了一下，說：「有，一個三、四十歲的男生，來的時候像是又不是感冒，所以當時醫師要他住院做檢查，沒想到過兩天他在樓梯間摔倒，好像左胸肋骨斷了兩根，還有受傷。結果兩、三天後，因為併發症，突然惡化死了……」

我接著說道：「他因為太年輕，進來的時候也沒什麼大問題，只是因為睡到『死亡病床』，輕症進來，摔倒重傷，莫名其妙地併發症惡化，住院不到一個星期，就這樣離奇地死了。他不甘心啊！不過我告訴他，你不甘心是你的事，死亡對很多人都是突然的，不能因為你的不甘心，嚇到那麼多人，要是哪一位老先生、老太太因為你而嚇死，那你不是還莫名其妙地揹上因果、業障嗎？」

所以一番溝通之後，就順利地處理了。但是我還是給了他們三道符，然後說道：「因為是在醫院，每天那麼多病人，無論什麼時間點，你說師父拿個招魂幡，搖著銅鈴，那不是人心惶惶，每個人都要嚇死了？所以我們會幫你們另外處理，你們把這三道符燒掉，放入陰陽水中，然後裝在噴灑花之類的噴霧瓶中，連續三天，邊走邊噴，不要太刻意，不會影響到讓病人注意就好。病人問的話，就說是『淨化空氣』所以要灑點水……」

這件事算是到此順利解決了。

再來是穿紅色旗袍的女鬼。從古代來說，靈體會穿著生前所穿的衣服，而若是穿著紅衣死亡，通常是暗示此人懷著冤屈，但生前沒有能力處理，只好決心一死，期待化成鬼再來報仇。這樣的靈體大多會成為「厲鬼」，而且非常兇，被看上的人往往很快就會被帶走，尤其以病患來說，通常氣場比較弱，更可說是毫無招架之力。面對「厲鬼」，若是法力不夠高強的法師，通常很難應付，必須好好「溝通」一番。

而在病床方面，一般來說，醫院如果遇到特定病床，接二連三有人在上面往生，就可以視作是遇到了「死亡病床」的問題。「死亡病床」因為顧名思義已經有許多病患在上面往生，累積下來的負面能量不可小覷，因此除了「源頭」的厲鬼以外，作為「載具」的死亡病床也要非常小心謹慎地處理。

而透過我雙管齊下的同時處理之後，那間醫院再也沒有出現有病患「有違常理」的往生事件。一切也就到此和平落幕了。

死亡病床的處理

因為是醫院的關係，處理起來就要特別低調。醫院裡面通常會有很多病床，因此化解「死亡病床」問題的方式便是將整張病床拆解開來以後，分成像是枕頭、棉被、床墊、床架……等等。而如果可以的話，床架也要盡可能拆成零件狀態。然後把這些部件分別跟其他的病床交換，再重新組成一張床，避免「死亡病床」的狀態不斷地循環出現。

到醫院時該注意……

從民俗上來說，到醫院時，坐電梯時，在電梯門要開關的時候，盡量不要站在電梯的正前方，也不要第一時間就往裡面瞎衝。因為此時如果有人，剛好出來，很容易就會撞上，想想畫面一旦換成好兄弟進出，有些人可能會在此時突然感到身體不太舒服，或是有暈眩、發冷的感覺，那是因為靈界的靈體，要進出電梯的時候，可能會因為閃避不及迎面撞上，而這個時候就會產生「沖煞」，想想有時候我們偶爾遇到「青仔叢」，莫名奇妙直接亂衝斷撞，你躲避不及，直接撞上，會是什麼結果，只是現在換成了好兄弟，直接穿過人的身體，此時就容易出現的「衝撞」就是「沖煞」，也就是民間常說「煞到」的情況。

雖然說好兄弟本身並無惡意，但畢竟陰陽有別，對於身體健康或是磁場比較弱的人，或是感應能力比較強的人來說，就有可能產生一段時間的不適，所以為了避免遇到這類的狀況，還是儘量不要太莽撞、急躁比較好。

靈體復仇

「老師，你能幫助我的弟弟嗎？」女孩子滿臉憂愁地問我，我問她發生了什麼事。女孩子嘆了一口氣，開始娓娓道來。

她的弟弟從幾年前開始變得足不出戶，經常成天把自己關在房間裡，話也越來越少，跟家人之間的互動也越來越差，甚至經常會有刻意迴避家人的情況。

怪異的弟弟

弟弟現在下巴長了個「疔」，整個下巴膿疱腐爛腫脹，伴隨著揮之不去的腐臭味之外，整個人的個性也變得陰沉、詭異，還有那隨時爆炸的脾氣，整個人看起來有點三分像人，七分像鬼。

最讓女孩子心疼的是，自己已經近八十的老母親，還要照顧這個陰晴不定的不定時炸彈，因為心中擔心孩子，所以即使母親已經行動不便，還要時刻侍候著「他」，深怕出什麼問題沒有人照顧。

更重要的是這個「疔」，奇怪的是不知道為什麼怎麼樣都治不好，導致下巴都已經爛到「見骨」，也不知道是因為這樣，伴隨著腐爛的氣臭味，讓弟弟覺得無論走到哪裡，都會遭到別人異樣的眼光，因而產生自卑感，所以開始鎖在房間裡，最後連房間門都不出了……

因為怎麼樣都醫不好，而就醫的途中，無論坐什麼車都會聽到別人說：「好臭……」、「什麼味道？」、「有死老鼠嗎？」、「什麼東西臭掉了？」再伴隨著別人嫌棄的表情和異樣的眼光，最後索性連醫生都不去看了，寧願躲在房間裡，自怨自艾地發著脾氣。

母親因為弟弟是家中唯一的獨子，所以從小就特別順著他，即使這把年紀，已經行動不便了，仍然三餐為他送飯，時時忍受著他的脾氣，而女兒看著年邁的母親這樣被家中一直以來的小霸王糟蹋著，雖然生氣但也無可奈何，因為一旦吵架，母親又是護著弟弟，又是要她體諒。

我到了他們家以後首先就是先看住家外部的風水，看是不是有「外煞」的影響。看完以後發現他們家外部最大的問題，就是大門口右手邊剛好面對道路直沖而來，形成了「路沖」，另外道路上的電線桿也剛好整排正對他們家的右邊。

我跟女孩子說，這樣的狀況要特別注意，因為住家右方有路沖或是電線桿正對的話，家中的女性像是媽媽或她本人，可能要特別注意車禍、意外、血光的問題。

女孩子聽了嚇一跳，就跟我說其實媽媽上禮拜才發生車禍，目前是用助行器走路。而媽媽確實每幾個月不是車禍，就是意外受傷。也就是因為這樣的事故連番發生，才會下定決心要來找我幫忙。

外部風水看完以後，並沒有發現跟他弟弟車禍、生病有直接相關的煞氣，便接著看內部的風水。先把一樓看完之後，接著就到二樓，在快要接近他弟弟房間的時候，就聞到一股異樣的味道，越接近房間，那味道就越濃。

跟女孩子還有她的家人繼續前往弟弟的房間，等到把弟弟的房門推開時，一股腐臭的氣味迎面撲鼻而來。那味道對有聞過的人來說，大概一輩子都不會忘記。

陰暗的房間，所有的窗戶都被遮住，腐爛的臭味，詭異的氣氛，加上她「弟弟」不尋常的眼神，眼前畫面宛如恐怖片的場景。

我看著女孩子的媽媽大概是因為長期照顧弟弟的關係，對這腐臭味似乎已經習慣，開了門就直接走進去，而女孩子也沒說什麼，跟著進了房間。我則是走到門口以後便站定。

女孩子跟我說：「老師，請進來！沒關係……」，我說：「沒關係……」，女孩子看著我站在門口幾秒鐘，又再次說了聲：「老師，請進！」這一次我沒回應她，也沒有看她，只是看著她弟弟的身後，一句話也沒有說，就這樣彷彿空氣凝結了一般，而她的母親也不發一語地看著我，絲毫不敢打擾我的任何動作。

就這樣時間一分一秒過去，雖然只有短短的兩、三分鐘，對每一個人來說彷彿時間凍結，無限延長一般。

然後我就跟她們說好了，我們可以先出去了。她們當然覺得很奇怪地看著我。我當時在那也不便多說什麼，就跟她們說我們到樓下再說。而整個過程中，女孩子的弟弟都沒講過任何一句話，只是用無神的眼神一直望著我。

尚未原諒的亡魂

到了樓下坐下來之後，我開始問女孩子，妳弟弟是不是幾年前撞死過人？女孩子跟她媽媽聽了後嚇了一跳，然後兩人又同時點頭說，對啊！我接著說，那位老先生是不是瘦瘦的，留著跟我一樣的平頭，但頭髮灰白灰白的？女孩子的母親聽到這終於開口問說，老師你怎麼都知道？

我說：「妳弟弟撞死了人，卻沒有跟人家道歉！」

她們說：「我們有賠給他們家錢了啊！」

我聽完抬頭看了她們一眼，說：「賠錢了事就可以了嗎？他有去過人家靈堂致歉、認錯嗎？有跟往生者說過一句對不起嗎？不要以為有給錢賠償就沒事了！」

法律上的賠償、和解都是針對對方家屬，就算對方家屬同意和解，但有尊重過因為「你」的過失而致死的「人」嗎？一句抱歉！對不起！都沒有，連致意、上香都不做！拿著賠償金的是家屬，並不是「死者」，「死者」可沒有同意原諒你！

試想今天如果有人撞死「你」了，他認為賠錢了事，一切就都沒問題。也不來跟你致歉請求原諒，連柱香都不上，以為給了錢最大，什麼事都解決了！你會開心嗎？家人拿到了錢，但「他」得到什麼？

「死亡」、「結束生命」？你會滿意嗎？你會開心嗎？你不會生氣嗎？

後來弟弟會慢慢變成現在這樣，一開始家人還以為是車禍跟官司帶給他的影響，因此也只是盡量順著他，期待他早日復原，但後來發現許多事情越來越不對勁。包括像是弟弟的神情、身體上的病，還有房間裡可怕的腐臭味。都讓家人感到恐懼與不解，覺得事情若再不想辦法解決，可能會有難以收拾的後果，所以才來找我。

然後我接著說，剛剛我在房間跟老先生溝通的結果，基本上他因為剛剛所說的原因，現在其實並不願意離開，而「他」說的合情合理，妳弟弟連句道歉的話，都沒有對「他」說。所以妳們看是不是應該要處理這個問題，例如問老先生的家人，他的墳墓在哪裡？或者是說靈骨塔在哪裡？看是不是要去親自道歉。

母女倆看起來有點為難，媽媽說這事情也結束很久了，現在又去跟老先生家人提起，是不是會很尷尬？我就說，如果要處理這件事情，不管是尷尬，甚至是有可能受到責難也好，造成不愉快的情況也好，這都應該是妳們或者說弟弟應該坦然勇於面對的事情。

因為就像剛剛所說的，賠償金或補償，都是老先生家人拿的，他本身並沒有得到弟弟或妳們任何的歉意，那他要怎麼樣去原諒？

老先生原本有個幸福的家庭，生前辛苦了大半輩子，他有想要做的事情，也有必須做的事情。卻因為弟弟的一時疏忽，讓這一切都破滅了，所以如果只是因為怕這些尷尬或不愉快的狀況發生而不去面對，我認為往生者的怨氣，應該很難消除，弟弟目前面臨的狀況也可能會持續，甚至惡化。

何況就算是真的親自去道歉了，老先生是否要原諒，仍然是要看他的意思，但最基本的道歉如果做了，至少我想弟弟那邊心裡會比較踏實一些。因為他現在應該多少也是懷著自責在過日子。母女倆聽完點點頭，便答應我一定會去把這件事辦好。

而我這邊則代為轉達給老先生，跟他說事情接下來會照他希望的進行，如果真的有去做的話，看他是不是能離開弟弟，安心前往投胎。老先生聽了便點頭同意。

事情到此似乎已經完成基本的處理，但在去過女孩子家後的兩天之內，其實老先生的靈魂一直在我身邊徘徊不去，所以那個腐臭的味道也一直圍繞著我沒有消散。幸好旁邊的人大概是聞不到，所以都沒有人有什麼反應，但我本身則是一直聞到濃烈的臭味。

原來老先生除了希望獲得弟弟的道歉以外，其實心裡還有其他的心願，希望我代為轉達，所以才一直沒有離開，不過我覺得這件事有點超出「服務範圍」。

其實我常說往生者就跟一般人沒有什麼兩樣，因為從以前到現在，一直會有往生者跑來，希望我能幫助完成他的心願，或是代為轉達他的話。但以我作為一個老師的角度來說，有時候我只能夠在「能力範圍」或者「合理範圍」內盡量幫忙。超出範圍的事情，只能委婉回絕。

所以我常覺得作為一個老師，可以遇到很多別人可能遇不到的事情。像是其實後來女孩子也跟我說，她這個弟弟平時其實非常不孝順，在家裡就是一個小霸王，不會幫忙家務，只是頻頻製造麻煩，成為家裡很大的負擔。所以像他前陣子那樣整天待在房間裡，雖然很詭異，同時當然也會擔心，但整體而言，那樣的狀況對他們來說，其實反而比較輕鬆。

我聽了只能在心裡搖搖頭嘆口氣，就像剛剛說的，很多事我只能夠在能力範圍或者合理範圍內盡量幫忙。超出範圍的事情，就真的只能委婉回絕。不過無論如何，女孩子接著說，既然有應該要做的事，他們還是會想辦法讓弟弟親自去道歉，並看後續還需要做什麼需要做的，他們都會盡量做到。

雖然說事情的發展可能並不完美，但這件事能得到這樣的結果，我覺得處理得還算是順利圓滿。

心存善念方能圓滿

就我處理這麼多靈界事務的經驗來看，其實不管是人界還是靈界，很多道理都是相通的，就是人一定要心存善念，要多多為他人著想。就以這件事來說，我們可能想著反正有付賠償金，但其實這樣想就可能忽略了「當事人」的感受。如果我們都能設身處地為對方著想，那麼很多不好的事情自然就不會發生，而就算發生了什麼不好的事，只要誠心處理，相信也多半都能圓滿順利地解決。

而為什麼會有所謂的超出「能力範圍」或者「合理範圍」的問題？所謂的通靈人、使者、乩童或法師，其工作僅被賦予溝通或處理一些靈界事務，並沒有無限大的權力，像有些靈要求要報仇，要殺了誰……要殺誰的全家……有的則要求要讓靈魂消散，永世不能投胎……也有人要求施法，要求要讓對方永遠「站」不起來……

我們有時候負責「翻譯」、「溝通」，如果是惡靈甚至「驅逐」、「制服」、「收服」若是靈拿著黑令旗時，則不可以擅自插手，有違天條、戒律時會有神明處罰，有違人間戒律時，更會受到人間法律的處分總不能說這個好兄弟說，因為當年他殺了「它」全家，所以現在要我殺了「他」全家……

畢竟陽間有陽間的法律，陰間有陰間的律法。

對於亡者的表態

在不幸發生傷亡事故後，肇事者通常是急著想要撇清責任、關係，與亡者的家屬談判、和解，而很少人是真正含著歉意，發自內心的去和亡者上香；而這之中往往忽略了亡者的感受，使得亡者感覺不到肇事者的誠意和尊重。無論亡者的家屬是否原諒肇事者，肇事者都應誠心表示對亡者的歉意，因為真正的被害者是他。

更千萬不能有認為有錢可以解決一切，只要用金錢解決即可，或是用語言和其他任何不敬、輕蔑的態度，這對亡者來說是非常不尊重，來撇清責任，甚至是充滿挑釁意味，想想如果今天換成有人撞了你，還指著你說：這個都是你沒有注意的結果，不過我很大方，可以給你多一點錢，怎麼樣，不錯吧！這些錢夠你過的很好了，這時你有什麼感覺？遇到這種人的時候，你有沒有一股想好好教訓他的衝動？易地而處你就可以感受到「亡者」的憤怒了！

爆裂水晶

前世因果一直是許多人有興趣的主題，電影、電視、小說裡，那些關於前世因果產生的愛恨情仇，究竟是否真實存在？相信大家都很想知道。就我多年幫助人處理的經驗中，就有一件非常令人毛骨聳然的真實案例。

我因為長期受邀參加國內外各大風水、命理、靈異……等等的節目，談論的內容包羅萬象，而且幾乎都是親身真實經歷，不管是台灣還是世界各國，許多人都非常敬佩於我的博學多聞與處理問題的能力。

莫名出現的瘀青

曾有一位客人，透過我幫她看風水、命理、姓名，並做了一些改變以後，運勢在短期內明顯好轉。感激之餘，她不禁想說，是否也可以拜託我幫她的妹妹處理一項問題。

這位客人的妹妹，經常會遇到一些奇怪的事情，例如在讀書或是看電視的時候，突然被人很用力地捏了一下，痛得哀哀叫，而且被捏的地方甚至出現瘀青。但當時旁邊根本就沒有人，有時候姐姐明明就在旁邊看著，也還是一樣會遇到這樣的事情。

如果是妹妹自己捏的話，那當下應該只會有紅紅的印子，就算是會瘀青也是一段時間後的事情，然而妹妹只要每次遇到這種事，當下就會立刻瘀青。

這種情況一再發生，而且姐姐也親眼目睹好幾次，她覺得很不可思議，心疼妹妹的她，也曾經四處請託人幫忙，但那些「老師」不是說沒辦法處理，要不就是號稱處理了，錢也收了，但一點效果也沒有。

聽完了姐姐的描述之後，我心裡大概已經知道發生了什麼事，但是詳細的狀況還是要請妹妹本人來才會知道，於是就請姐姐讓妹妹過來一趟。

因為經常要處理遇到類似這種問題的客人，加上電視台經常會拿一些具有靈力的「物品」讓我鑑定與處理，因此就算我本身法力可以輕鬆應付這個狀況，但為了其它人著想，我還是必須要做一些「安全措施」。

我所謂的「安全措施」，就是在進入我服務處的地方，設有第一道結界，再來就是走進我的辦公室，會有第二道結界。所以一般如果不是很強的靈體，就會被「擋」在服務處門外進不來。如果有靈體能突破門口那道結界，進到服務處裡面來，我就會知道這個靈體算是蠻強的，必須特別謹慎小心處理。

前世的怨念

妹妹的身邊的確有一個男性的靈體在跟著她，透過溝通以後可以知道，原來這個靈體跟妹妹的前世的有一些宿怨未了，因此就算妹妹的前世已經投胎轉世，甚至已經從前世的男性轉變為今世的女性，那名靈體還是沒辦法放下心中的怨恨。

那名男性的靈體在妹妹大概十五歲的時候發現了她，就這樣跟到現在妹妹大概三十多歲了。也因此從十五歲開始，妹妹就一直遇到晚上作惡夢睡不好，或是無緣無故這裡被打，那裡被捏的詭異狀況。姐姐在妹妹的身旁時，甚至眼睛看著妹妹正在講話時，就沒來由地就聽到「啪！」一聲清脆的聲響，接著就發現妹妹劇烈地搖頭晃腦，或是身體晃動，然後臉上或身上就出現明顯被打的印記。

第一階段溝通完，瞭解靈體為什麼要一直跟著妹妹的緣由之後。第二階段就是要請它放下前世的宿怨，離開妹妹，轉世投胎。這個階段其實非常困難，因為那位男性靈體一直不願意離開，此時就要採取比較強硬的態度。於是在長達一個多小時的溝通之後，靈體才終於答應離開。

在這個過程中，我一直將靈體身上的穢氣轉到旁邊的「鱷魚水晶」上，這水晶的功用是吸收負面的能量。當天現場最令兩姐妹感到不可思議的是，那水晶在我跟靈體溝通的過程中，從一開始的白色，慢慢轉成灰白，然後越來越暗，最後變成灰黑色。

更驚人的是，已經變成灰黑色的鱷魚水晶，最後彷彿撐不住似的，竟然就在我們的面前爆裂開來，水晶的爆裂不是整體碎裂，而是有一部份像炸彈碎片彈射出來。當天爆裂噴射出來的水晶碎片，鋒利的跟刀一樣，如果不小心摸到銳利的邊緣，很有可能馬上見血。

姐妹倆在我溝通完，靈體答應離開之後，喜悅之情溢於臉上，但又馬上想到鱷魚水晶的事，馬上開口問說要怎麼賠償。我搖搖頭說這種小事沒關係不用在意，事情能順利解決最重要。姐妹倆於是千恩萬謝地走了。

第二天，姐姐突然打來，原來是又發生了不可思議的恐怖事情。昨天晚上她們回家之後，因為長期以來的困擾終於獲得解決，姐妹倆心情前所未有的輕鬆，便一邊看電視，一邊閒聊。

到了十一、二點的時候，姐姐突然聽到非常大聲的「啪！」一聲，然後同時親眼看到妹妹劇烈晃動，差點要從沙發上跌下來，妹妹馬上彎下身來，用手抱著後腦杓，接著眼淚馬上就流了出來。姐姐趕緊衝過去問發生了什麼事？妹妹說她剛剛感覺到有個人用非常大的力量打了她後腦杓一巴掌，是從來沒有過的大力，她現在感覺頭非常暈。

姐姐聽了非常恐慌，問題不是已經解決了嗎？為什麼又再度出現了？她趕緊抱著妹妹護著她，妹妹渾身發抖，驚恐地看著四周，深怕又被打。不過奇怪的是，自從後腦杓被打了那一下之後，整個晚上竟然就沒有再發生過任何異狀。更神奇的是妹妹也沒有做惡夢，一覺到天亮。

不過她們還是放心不下，於是姐姐便打電話來問我。我答應姐姐會幫她處理，於是便閉上雙眼，再次跟那位男性靈體溝通。我語氣嚴厲地問說：「你不是答應我要離開妹妹的身邊，如今是想說話不算話嗎？」

靈體嘆了一口氣說道：「放心……我既然答應要離開，就一定會離開。但是我……我實在很不甘心，心中的怨恨真的沒辦法輕易消除，因此我決定在離開之前，要狠狠地打她一下才走。我現在已經離開了，之後再也不會去糾纏她。」

我聽了在心裡也嘆一口氣，今天靈體願意就這樣離開，已經算是萬幸。在過去我處理過的許多事情之中，凡是與前世因果相關的，都屬於難以處理的種類。有些甚至有些是拿著黑令旗來的，根本是難以化解的仇恨。

我跟姐姐說明了原因之後，她聽了也嘆口氣，再次跟我道謝後，就把電話掛斷。當天破裂的那個鱷魚水晶，現在還在我辦公室桌前的地上。它見證了這個前世因果的處理過程，對我來說算是一個非常特殊的紀念品。

這顆黑化爆裂的水晶，至今仍塵封在我的辦公室裡。猶如當天爆裂的記憶，一樣讓人難以忘記。

謝沅瑾的現代聊齋：

21 則百分之百真實故事完整呈現，教你化解厄運

作　　者｜謝沅瑾
攝　　影｜高政全
責任編輯｜王苹儒
封面設計｜楊雅屏
內頁設計｜菩薩蠻電腦科技有限公司
行銷企劃｜吳孟蓉
副總編輯｜呂增娣
總 編 輯｜周湘琦

董 事 長｜趙政岷
出 版 者｜時報文化出版企業股份有限公司
108019 台北市和平西路三段 240 號 2 樓
發行專線／ (02)2306-6842
讀者服務專線／ 0800-231-705　(02)2304-7103
讀者服務傳真／ (02)2304-6858
郵撥／ 19344724 時報文化出版公司
信箱／ 10899 臺北華江橋郵局第 99 信箱
時報悅讀網｜ http://www.readingtimes.com.tw
電子郵件信箱｜ books@readingtimes.com.tw

法律顧問｜理律法律事務所　陳長文律師、李念祖律師
印　　刷｜勁達印刷有限公司
初版一刷｜ 2022 年 7 月 22 日
定　　價｜ 台幣 390 元
（缺頁或破損的書，請寄回更換）

時報文化出版公司成立於 1975 年，並於 1999 年股票上櫃公開發行，於 2008 年脫離中時集團非屬旺中，以「尊重智慧與創意的文化事業」為信念。

謝沅瑾的現代聊齋 : 21 則鬼故事 , 百分之百真實呈現 , 教你如何化解厄運 / 謝沅瑾著 . -- 初版 . -- 臺北市 : 時報文化出版企業股份有限公司 , 2022.07
面；　公分
ISBN 978-626-335-678-8(平裝)
1.CST: 鬼靈
298.6　111010277

ISBN 978-626-335-678-8
Printed in Taiwan

特別感謝——麗龍唐裝中國服

出門平安符

出門、出國、旅遊、外出，隨身攜帶，平安護身。

可至各大廟宇，說明姓名、住址，並順時鐘繞爐三圈，配戴祈求平安。

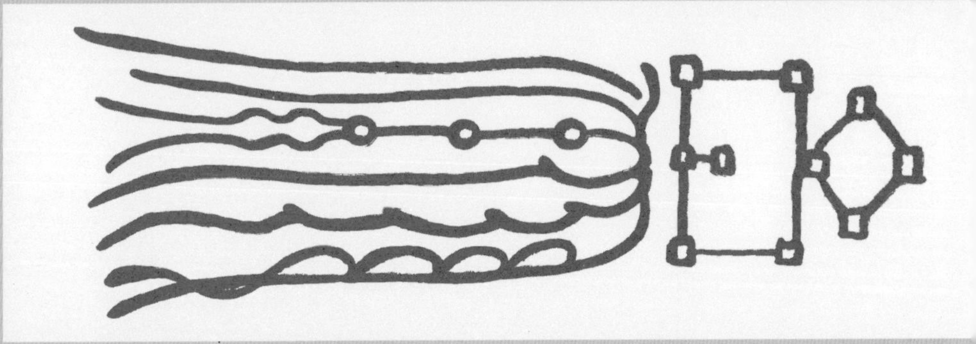

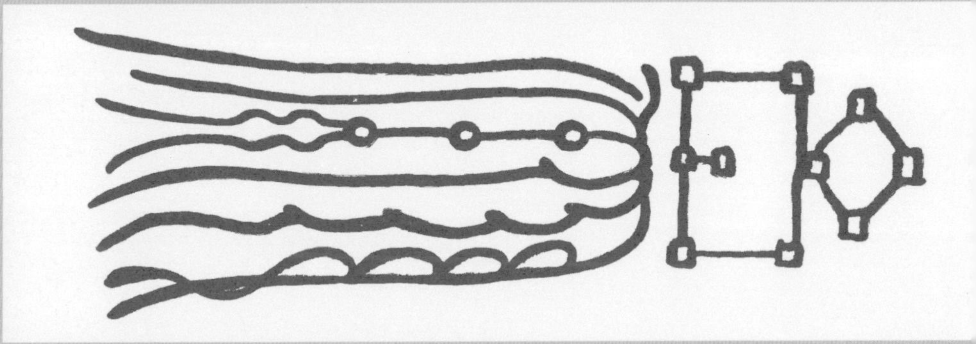

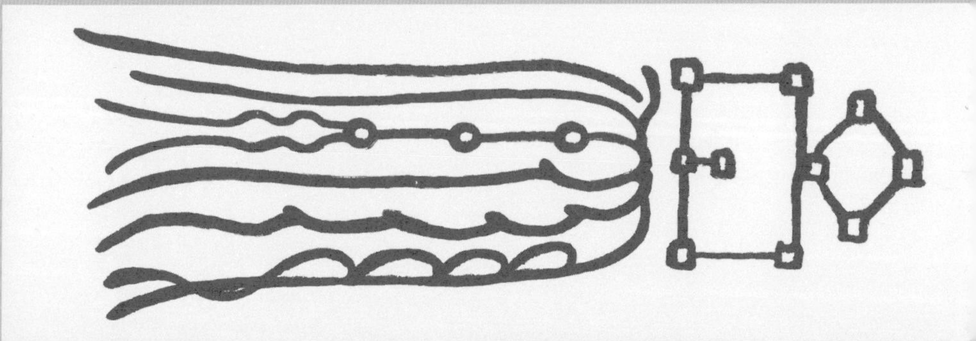